穿越百年中国梦

吕星甲题

添加智能阅读向导，提高阅读效率
为您提供本书专属服务

VR融媒"四史"云课堂
"四史"故事就在我身边

微信扫码 测一测你的红心！

红色故事会

◉ 虚拟直播红色故事会·大专家讲"四史"

红色虚拟展厅

◉《复兴之路》虚拟展厅·红色文物AR近景展示

VR"四史"学习体验馆

◉ 沉浸式场景体验·重走红色历史路

随身电子书

◉ 本书原版电子档·随时随地轻松读

国家出版基金项目
NATIONAL PUBLICATION FOUNDATION

顾　问：吕章申
主　编：陈履生
副主编：白云涛

穿越百年中国梦

鸦片梦魇

写给孩子的"四史"学习教育读本

侯春燕◎著

SPM
南方传媒　｜　新世纪出版社
·广州·

图书在版编目（CIP）数据

鸦片梦魇 / 陈履生主编；侯春燕著 . — 广州：新世纪出版社，
2017.12（2025.5 重印）

（穿越百年中国梦丛书）

ISBN 978-7-5583-0991-5

Ⅰ.①鸦…　Ⅱ.①陈…②侯…　Ⅲ.①鸦片战争(1840-1842)
—少年读物　Ⅳ.① K253.09

中国版本图书馆 CIP 数据核字（2017）第 296895 号

出版人：陈志强　　　　　　　　　　策　划：宁　伟
责任编辑：宁　伟　　　　　　　　　特约编辑：耿　谦
责任技编：王　维　　　　　　　　　责任校对：陈　雪
排版设计：大有图文

鸦片梦魇 YAPIAN MENGYAN

陈履生 / 主编　　　侯春燕 / 著

出版发行：SPM 南方传媒 新世纪出版社 （广州市大沙头四马路 10 号）
经　　销：全国新华书店
印　　刷：三河市嵩川印刷有限公司
规　　格：880mm × 1230mm　1/32
印　　张：3.75
字　　数：54 千字
版　　次：2017 年 12 月第 1 版
印　　次：2025 年 5 月第 6 次印刷
定　　价：39.00 元

如发现印装质量问题，影响阅读，请联系调换：
北京广版新世纪文化传媒有限公司
销售热线：010-65545429
[书中图片由中国国家博物馆提供]

扫码体验

VR融媒"四史"云课堂
"四史"学习就在我身边

目　录
contents

"穿越百年中国梦" 总序

2012 年 11 月 29 日，党的十八大闭幕刚刚半个月，习近平总书记率新一届中央政治局常委，来到中国国家博物馆参观《复兴之路》基本陈列。

那天上午，习近平总书记一行轻车简从，9 时许来到国家博物馆，进入《复兴之路》展厅参观。一件件实物，一幅幅照片，一张张图表，一段段视频，把大家带回到近代以来跌宕起伏、波澜壮阔的难忘岁月。在 19 世纪末列强割占领土、设立租借地、划分势力范围示意图前，在鸦片战争期间虎门抗英的大炮前，在反映辛亥革命的文物和照片前，在《共产党宣言》第一个中文全译本前，在中华人民共和国第一面五星红旗前，在党的十一届三中全会照片前，习近平总书记不时停下脚步，认真观看，详细询问相关历史背景和文物情况。

在参观过程中，习近平总书记发表了重要讲话。他说，《复兴之路》这个展览，回顾了中华民族的昨天，展示了中华民族的今天，宣示了中华民族的明天，给人以深刻教育和启

中国国家博物馆前馆长　　吕章申

示。中华民族的昨天，可以说是"雄关漫道真如铁"。近代以后，中华民族遭受的苦难之重、付出的牺牲之大，在世界历史上都是罕见的。但是，中国人民从不屈服，不断奋起抗争，终于掌握了自己的命运，开始了建设自己国家的伟大进程，充分展示了以爱国主义为核心的伟大民族精神。中华民族的今天，正可谓"人间正道是沧桑"。改革开放以来，我们总结历史经验，不断艰辛探索，终于找到了实现中华民族伟大复兴的正确道路，取得了举世瞩目的成果。这条道路就是中国特色社会主义。中华民族的明天，可以说是"长风破浪会有时"。经过鸦片战争以来170多年的持续奋斗，中华民族伟大复兴展现出光明的前景。现在，我们比历史上任何时期都更接近中华民族伟大复兴的目标，比历史上任何时期都更有信心、有能力实现这个目标。讲到这里，总书记环顾大家，深情阐述"中国梦"。他说："现在，大家都在讨论中国梦，我以为，实现中华民族伟大复兴，就是中华民族近代以来最伟大的梦想。这个梦想，

凝聚了几代中国人的夙愿，体现了中华民族和中国人民的整体利益，是每一个中华儿女的共同期盼。""实现中华民族伟大复兴是一项光荣而艰巨的事业，需要一代又一代中国人共同为之努力。"总书记最后强调："我坚信，到中国共产党成立 100 年时全面建成小康社会的目标一定能实现，到新中国成立 100 年时建成富强民主文明和谐的社会主义现代化国家的目标一定能实现，中华民族伟大复兴的梦想一定能实现。"

我有幸全程陪同习近平总书记参观，为总书记一行讲解展览，并现场聆听习近平总书记关于"中国梦"的重要讲话，感受颇深，终生难忘。习近平总书记提出实现中华民族伟大复兴的"中国梦"，是时代的最强音，凝聚了全球中华儿女的心，成为激励中华儿女团结奋进、实现中华民族伟大复兴的一面精神旗帜。

《复兴之路》基本陈列回顾了 1840 年鸦片战争以来 100 多年间，陷入半殖民地半封建社会深渊的中国各阶层人民，在屈辱和苦难中奋起抗争，为实现民族复兴进行的种种探索，特别是中国共产党领导各族人民争取民族独立、人民解放、国家富强、人民幸福的光辉历程。习近平总书记参观《复兴之路》并提出实现中华民族伟大复兴的中国梦命题后，中央国家机关、部队、企事业单位、社区街道、社会团体、学校等纷纷来到中国国家博物馆，沿着习近平总书记的足迹，参观《复兴之路》展览。《复兴之路》展览成为爱国主义教育的重要课堂。

　　2014 年，习近平总书记在有关讲话和批示中指出："历史是最好的教科书"，"让文物说话、把历史智慧告诉人们，激发我们的民族自豪感和自信心，坚定全体人民振兴中华、实现中国梦的信心和决心"。中国国家博物馆和广东新世纪出版社有限公司落实习近平总书记的指示，以《复兴之路》基本陈列为基础，经过 3 年多艰苦工作，编写和出版了这套"穿越百年中国梦"丛书。组织和参与编写这套丛书的同志，大多数参加了《复兴之路》展览的内容设计和布展工作，有的还现场聆听了习近平总书记关于"中国梦"的重要讲话。他们对《复兴之路》基本陈列不但理解深刻，而且怀有深厚感情。

　　习近平总书记指出："中国梦归根到底是人民的梦"，"有梦想，有机会，有奋斗，一切美好的东西都能够创造出来"。习近平总书记希望广大青少年要勇敢肩负起时代赋予的重任，志存高远，脚踏实地，努力在实现中华民族伟大复兴的中国梦的生动实践中放飞青春梦想。

　　我相信，这套丛书的重印出版，对广大青少年牢记习近平总书记"不忘初心"的嘱托，更好地开展党史学习教育，增强实现中华民族伟大复兴中国梦的责任感，一定会起到促进作用。

前　言

中国现代史学会会长　郭德宏

中华民族是一个有着自己梦想，特别是美好社会理想的民族。

两千多年前，我们的古圣先贤，就有"小康"和"大同"的社会理想。那时的"小康"理想，就是家家丰衣足食，人人遵守礼仪，互相谦让。那时的"大同"理想，就是天下人如同一家人，家家幸福，人人愉快，"路不拾遗，夜不闭户"。由于历代封建统治者都不代表广大人民群众的利益，古圣先贤"小康"和"大同"的社会理想都没有实现。

勤劳智慧的中国人民，创造了光辉灿烂的古代文明：强盛的汉代，繁荣的唐代，辽阔的元代，清初的盛世。那时，与世界上其他大多数国家和地区相比，中国富饶、强盛、文明、进步。用现代语言表述，那时的中国是"发达国家"，其他那些国家和地区则是"发展中国家"。然而，由于帝国主义入侵和封建主义统治腐败，中国落后了。从1840年鸦片战争中国战败到19世纪末，中国逐渐沦为半殖民地半封建社会，陷入将要亡国灭种的深渊。

从1840年鸦片战争开始，当时一些思想先进的中国人就在寻求救国救民之道。林则徐、魏源开眼看世界，地主阶级的洋务运动，资产阶级维新派的戊戌变法，都试图在不根本触动封建统治的前提下富国强兵，但是都失败了。1894年孙中山创立革命团体兴中会，首次提出"振兴中华"口号。1902年康有为完成《大同书》的写作，期望中国实现古圣先贤所憧憬的大同世界。1902年梁启超发表《新中国未来记》，1904年蔡元培发表《新年梦》，都憧憬中华复兴，雄立世界。近代以来，每一个中国人都满怀着复兴中国、振兴中华的梦想。但在半殖民地半封建社会的旧中国，中国人民的这一梦想不但没有实现，反而遭受着越来越严重的民族苦难。

1921年，伟大的中国共产党成立，超越古圣先贤"小康"和"大同"的社会理想，提出了夺取反帝反封建胜利、建立人民当家做主的政权、最终实现人类最美好最理想的共产主义社会的奋斗目标。中国共产党肩负起民族独立、人民解放的历史重任，领导中国人民，经过浴血奋战，于1949年建立了人民当家做主的中华人民共和国。新中国成立，是中华民族由衰落走向强盛的历史转折点，开启了中华民族伟大复兴的新纪元。

中华人民共和国成立后，毛泽东、周恩来等老一辈革命家，领导全国各族人民为实现国家富强、人民共同富裕的新的历史任务而奋斗。在党的领导下，中国确立了社会主义基本制度，成功实现中国历史上最伟大最深刻的社会变革，为中华民族的伟大复兴奠定了制度基础。与此同时，中国共产党领导全国人民进行大规模经济建设和文化建设，取得了旧中国几百年几千年所没有取得的成就，为实现中华民族伟大复兴奠定了基本的物质基础。

1978年改革开放以来，以邓小平、江泽民、胡锦涛同志为主要代表的中国共产党人，全面推进社会主义现代化建设。神州大地，生机勃发。2010 年，中国国内生产总值（GDP）达 40 万亿元，成为仅次于美国的世界第二大经济体，并一直保持至今。伴随着各方面的迅猛发展，中国迅速走向繁荣，国际地位不断提高，国际影响力日益扩大。中国步入世界强国之列，为实现中华民族伟大复兴创造了现实条件。

2012 年 11 月 29 日，习近平总书记率新一届中央政治局常委参观中国国家博物馆《复兴之路》基本陈列。习近平总书记在这里向全世界宣示"中国梦"，重申"两个一百年奋斗目标"，既是中国共产党对全国人民的郑重承诺，是党和国家面向未来的政治宣言，也是中华民族伟大复兴的总动员。中国的伟大发展，又一次站在新的历史起点上；中华民族的伟大复兴，揭开了历史新篇章。

以习近平同志为核心的党中央，"不负重托，不辱使命"，在实现中华民族伟大复兴中国梦的推动下，国民经济继续稳步发展，中国的国际地位更加提高，国际影响力更加扩大。我们现在比历史上的任何时期都更加接近中华民族伟大复兴这个目标，我们现在比历史上任何时期都有信心、有能力实现这个目标。

中国梦连接着过去与现在、历史与未来，连接着国家与个人、中国与世界。拥有五千多年文明历史的中华民族，曾经创造了辉煌的古代文明，走在世界前列，为人类社会发展做出了巨大的贡献。今天，中华民族的伟大复兴，不仅造福中国人民，而且造福世界人民。已经步入世界发展中大国的中国，理应承担起大国责任，对人类社会的发展进步，做出更大的贡献。

"穿越百年中国梦"丛书回顾了1840年鸦片战争以来一百多年间，陷入半殖民地半封建社会深渊的中国各阶层人民，在屈辱和苦难中奋起抗争，为实现民族复兴进行的种种探索，特别是回顾了中国共产党领导全国各族人民争取民族独立、人民解放、国家富强、人民幸福的光辉历程。这套丛书深刻揭示了历史和人民为什么和怎样选择了马克思主义，选择了中国共产党，选择了社会主义道路，选择了改革开放；深刻揭示了历史和人民为什么必须始终坚持高举中国特色社会主义伟大旗帜不动摇，坚持中国特色社会主义道路不动摇；昭示出没有共产党就没有新中国，就没有中国特色社会主义，只有社会主义才能救中国，只有改革开放才能发展中国、发展社会主义、发展马克思主义。

我相信，这套丛书的重印出版，能够使广大青少年读者更加深入地了解中华民族近代以来反对外来侵略史、人民解放的抗争史，了解中国共产党领导全国各族人民为中华民族伟大复兴而奋斗的创业史和改革开放史，为实现国家富强、民族振兴、人民幸福的中华民族伟大复兴的中国梦，夺取新时代中国特色社会主义伟大胜利，提供令人振奋的精神动力。

郭德宏

1840 年，英国凭借坚船利炮，发动了可耻的鸦片战争。清政府不堪一击，被迫签订中英《南京条约》，割地赔款，丧权辱国。其他列强受其"鼓励"，蜂拥而来，中

鸦片梦魇

国一让再让，不平等条约一签再签，中华民族的命运受
到极其严峻的挑战。

第一章

日落紫禁城

VR融媒"四史"云课堂
"四史"学习就在我身边

1. 落后的"盛世"

　　清朝是古代少数民族满族人建立的王朝。入关前还很落后,但通过精心治理,清朝很快步入了黄金时代——"康乾盛世"。

　　"康乾盛世"大体经历了康熙、雍正、乾隆三代执政时期,共 100 余年。在此期间,中国社会稳定,经济繁荣,人口众多;没有外患,还不断开疆拓土,拓展影响力,仅藩国就有 20 余个。

　　相对于英国等西方先进国家,"康乾盛世"的落后是不言而喻的。它的繁盛,主要体现在数量上(人口与经济总量），而不是质量。几乎与"康乾盛世"同步，以英国为代表的欧洲主要国家先后完成了启蒙运动和工业革命。到乾隆、嘉庆时，中国已经在科技、文化、军事、政治、教育等层面远远落在了西方之后。

乾嘉之际，迫于繁苛的赋税和官吏们利用职权兼并土地，中小土地所有者不得不出卖土地，四处游荡，沦为流民，千百成群，入山求生。

清政府推行"重本抑末"政策，以农为本，而限制工商业发展。雍正帝就曾极力反对臣下招商开矿的建议，嘉庆帝延续雍正帝"言利扰民"的政策，严禁在沿海和近畿地区采矿，以防聚众滋事。

农业和手工业日趋衰落，商品经济和资本主义萌芽的发展又受到阻碍，

清军作战时使用的弓箭

整个社会经济陷于衰败凋零。军事技术落后也是难以想象的。

以江苏的吴淞营（今属上海）为例，1828年，时任苏淞镇总兵的关天培调查得知，该营兵器主要有：腰刀948口，大刀277口，角弓213张，战箭11570支，火箭260支；鸟枪917杆，喷筒118个；发熕55门，玉带炮12门，决胜炮72门，劈山炮42门，过山炮10门，子母炮40门，红夷炮7门，红夷发熕3门，火药8940斤。此外，吴淞营在宝山县城东南黄浦江入长江口处的杨家嘴有炮台1座，另有沙船3艘、艍犁船4艘。吴淞营为清军驻守要地，兵器比其他驻地更为优良，但从上面的清单中可以看出，除冷兵器外，即便是火炮，也大多属于明末清初时期的小型火炮，威力极其有限。

2. 脆弱的国防

清朝的常备武装力量包括八旗军和绿营军。八旗军为满兵，原本是清军的精锐，但后来逐渐堕落，很多八旗军甚至连马都不会骑了。绿营军为汉兵，是清军的主体。

各省绿营以镇为最大单位，以营为基本单位，营以

邓廷桢、关天培监制的大炮

下分哨，哨以下分汛。一般来说，一哨的长官都领有一汛。汛虽是绿营的最基层单位，但并非最小驻军单位，由于汛地幅员宽广，有的汛下又分设若干墩塘小汛或堆汛，致使城守营和分防营驻地极为分散。如吴淞营，受江南水陆提督属下的福山镇管辖，其编制官兵不过 1 100余人，除 200 名士兵驻守在吴淞西炮台外，其余 800 余人分布在县城及 35 处汛地。防守范围包括宝山县大部分及嘉定县的一部分。每一处汛地，驻兵由数名、十数名到数十名不等，驻防极为分散，导致兵力严重薄弱，作战能力十分低下。

1832 年 6 月，受英国东印度公司派遣，英国商船

事实真相

棱堡

从空中看上去，棱堡就像一个巨大的、不规则的自行车飞轮。这种设计规避了防守方的射击死角，也容易使防守方形成交叉火力，或者相互掩护。"飞轮"凸出的一个个"齿"都是迎敌面呈角形的三角堡，其目的在于使攻方炮弹在斜面上打滑，造成跳弹。外围还挖有壕沟，筑有斜堤，防范敌人挖地道或攀爬。在重炮、坦克、飞机、导弹等现代化武器问世前，依托棱堡可以有效抵抗敌人进攻。

"阿美士德"号北上侦察中国沿海情况，在没有遇到任何阻挠的情况下轻而易举地闯入了吴淞。因此，随船的普鲁士传教士郭士立在日记中不无轻蔑地写到，如果他们以敌人的身份来到吴淞营，该营整个军队的抵抗将不会超过半小时。

清军的海防更是非常脆弱。海岸炮台是鸦片战争中清军最主要的防御工事，然而，即便是号称规模最大、工事最坚固、火力最强的广东虎门靖远炮台，也仅仅是在规格上比其他炮台更为壮观而已，根本无法与欧洲棱堡那样的完整防御体系同日而语。

在靖远炮台，士兵只能依靠垛墙掩护正面，而垛墙很容易被西方炮火摧毁；炮台顶部没有任何防护措施，西方国家的曲射炮完全可以从上空轰击炮台；由于笨重和转向不灵活，炮火只能集中安置在正面，从而难以防御小艇从侧面登陆和攻击；炮台后方只有一堵围墙，缺乏系统的斜堤和堑壕阵地，无法组织有效的战略反攻；炮台侧后方没有良好的道路系统，兵力、粮草和弹药难以得到及时补给。

1836 年，一个西方观察家称，广州、虎门一带的炮台属于幼稚阶段的堡垒建筑，没有壕沟、棱堡和斜堤，而且都是裸露的炮台，没有一个炮台能抵挡得住一艘大型战舰的火力，或者抵御突击队在岸上的袭击，因为突击队完全可以从炮火所不及的侧方或者后方发起攻击。

3. 贪腐公行

腐败是封建社会的顽疾，也是任何社会的毒瘤，清朝尤其严重。

和珅是一个极端的例子。1775 年，25 岁的和珅还只是仪仗队一名三等侍卫，但因为受到乾隆赏识，不到一年的时间他便连升数级，之后益发飞黄腾达，成为除乾隆以外拥有最高权力的人。别说朝中大臣，就是皇子皇孙，有时也需要和珅帮忙。

和珅专权 20 余年，通过各种手段聚敛了大量财物。1799 年乾隆驾崩后，嘉庆皇帝下令处死和珅，并查抄其家产。查抄清单上的财产数量十分惊人，包括金子

清朝贵族的奢侈生活

800 万余两，银子百万余两，各色珍宝 2 万余件，此外还有各类店铺、房产土地、大量书画和工艺品等。将它们折合成白银，至少为 8 亿两，相当于清政府 10 年的税收。

讽刺的是，和珅被查办前曾主持查办过另一巨贪李侍尧。李侍尧也是乾隆的宠臣，和珅有心置他于死地，因此将查抄清单列得特别细致，包括金银珠宝在内共 901 项，其中珍珠 2 000 余颗，宝石 140 多块，玉器 1 000 余件，名人字画 200 余件。但乾隆最终赦免了李侍尧，仅将他抄家了事，后来又起用了他。这主要是因为李侍尧颇有才干，而且有平定台湾之功。

李家的财产清单中有 3 座黄金佛、1 架珍珠葡萄和 3 株 4 尺高的珊瑚树，和珅故意把它们放在首位，想引起乾隆的注意，但这几件珍宝其实是当年李侍尧进贡给乾隆而乾隆嫌贡品太多退还给他的。这份"孝心"让李侍尧逃脱一死，但像他与和珅这样贪得无厌的人，竟然备受皇帝青睐，这本身就说明清朝已经腐朽到了骨子里、源头上。

1841 年，因在与英国谈判中擅自割让香港被道光皇帝革职抄家的琦善，家产也有黄金 10 912 两、白银 1 800 多万两、珠宝 11 箱。其他大小官吏，上自军机大臣，下至县官，也几乎无官不贪、无官不肥。"三年清知府，十万雪花银"，是当时官场的普遍现象。

土地是农耕社会最根本的财富，也是广大百姓的基本生存资源。清朝中后期，土地问题非常严重。贵族、官吏和地主利用权势，大肆兼并土地，动辄占有土地达千亩、万亩甚至数万亩。如贵州的鄂辉有田 1 000 余亩，江苏海州的孟思鉴有田 5 000 余亩，直隶提督庆成的女儿出嫁时陪嫁的土地就有 3 160 亩，琦善占地竟达 256 万亩，由清朝皇室直接控制的官田和皇庄更是高达全国总耕地面积的 1/7 还多。

中国国家博物馆收藏有一张清朝妇女吴姚氏将自己的 6 亩土地典当给一个名叫高处的地主的文契。文契约定，吴姚氏收银 56 两，如能在 5 年内凑足原价，可将土地赎回。如果不能，吴姚氏的土地就永远归高处所有。国家博物馆中还存有数张其他人典当土地给高处的文契。

户部发放的捐官执照

高处的土地还是买的，而和珅、琦善等人的土地绝大多数是通过权势巧取豪夺的。

由于清朝允许买官，只要交纳一定数量的金钱或财物，地主也可以当官。乾隆时期，交白米 20 石就可以做县丞，相当于副县长。后来同等官衔逐步攀升至数千两白银，但相应的薪俸却依然只有几十两银子。这就意味着那些买官的人在做官后只有通过贪污受贿和攫取苛捐杂税，才能捞回"本钱"。上文中的吴姚氏等人正是因为无法忍受各种苛捐杂税，才被迫出卖自己的土地，沦为佃农或雇农的。

4. 马嘎尔尼访华

乾隆皇帝文武兼备，颇有些雄才大略，但他好大喜功、虚骄恃气。他在位 60 年间，先后出京巡游 24 次，每次都以祭祀孔子或巡查水利工程等为借口，真正目的却是游山玩水、夸耀功德、显示皇威。他曾经六下江南，仅从北京到杭州修建的行宫就达 30 处，耗费白银 2 000 万两。晚清的慈禧太后一向以奢侈著称，但她在 1900 年因八国联军入侵北京逃往山西后，也不禁为乾隆当年出游五台山时用过的器物而惊叹。

1792 年，英国政府任命乔治·马嘎尔尼为正使，乔治·伦纳德·斯当东为副使，以祝贺乾隆 80 岁寿辰的名义率使团访问中国。1793 年 8 月，他们乘坐的"狮子"号炮舰和两艘英国东印度公司提供的随行船只抵达天津。9 月，乾隆在承德避暑山庄接见了他们，马嘎尔尼将带来的 600 箱礼物呈献给乾隆，其中包括一门英国当时最先进的榴弹炮。

直到 1860 年英法联军闯入圆明园，也就是第二次鸦片战争期间，这门大炮的"包装"始终没有打开过。马嘎尔尼还带来了最能代表英国实力的蒸汽机、棉纺机、织布机，以及步枪、连发手枪、天体运行仪、地球仪、自鸣钟，甚至还包括一个配备了驾驶员的热气球，乾隆统统不感兴趣。他感兴趣的事情是想办法让马嘎尔尼对自己行三跪九叩礼，马嘎尔尼则坚持像觐见英王那样只单膝下跪、吻手，决不叩头。折腾了很长时间，双方妥

人物故事

斯当东父子

　　斯当东归国后，曾将自己访华期间的所见所闻详细记载下来，写成了《英使谒见乾隆纪实》一书。与他同行的还有其子小斯当东，当时年仅 11 岁，乾隆曾经把他抱上"龙膝"，以示亲切。48 年后，正是已成为议员的小斯当东在英国议会力主对中国动武，英国主战派才以微弱优势获胜，发动了鸦片战争。

协，乾隆最终同意马嘎尔尼只行单膝下跪礼，不必叩首，但很不开心。

当马嘎尔尼抛出他此行的真实目的，提出与中国互派使者、增开通商口岸、要求降低关税，并且要求获得舟山附近一座不设防的小岛，供英国商人居住、存放货物时，乾隆非常反感，一口拒绝，宣称"天朝物产丰盈，无所不有"，不需要外国商品即可自给自足，并且警告他们不准再去不允许对外贸易的浙江、天津等地经商，否则必遭驱逐。

马嘎尔尼碰了一鼻子灰，不久便离开了中国。但在返抵广州的路上，他注意到绝大多数中国士兵使用的都还是刀枪弓箭之类的冷兵器，也注意到了中国沿海不堪一击的炮台。他在归国途中写道："中华帝国只是一艘年代久远、破烂不堪、风雨飘摇的一流战舰，侥幸出现的一批干练而警觉的官员们已设法支撑了它150年，并以它庞大的体积和外观震慑四邻。然而，一旦某个无能之辈碰巧控制了甲板，这艘战舰的纪律和安全也就不复存在了。"马嘎尔尼看出了所谓"盛世"背后的败亡之兆，认为中国不过是个"泥足巨人"，很容易被打倒在地。

5. 闭关锁国

鸦片战争前，清政府实行闭关锁国政策，严格限制中外交往。

清初，为了防范聚集在东南沿海岛屿上的郑成功领导的抗清力量，清政府颁布了禁海令，严禁民众出洋贸易，并将沿海居民一律内迁 50 里，违者一律处斩。不过，它依然允许"随贡贸易"，也就是允许外国使团来华进贡时携带货物出售。同时沿袭明代前例，允许中外商人在澳门这个唯一指定地区进行贸易。尽管如此，它依然严重阻碍了沿海经济和对外贸易、交流的发展，导致清政府关税收入很少，也引发沿海百姓不满。

1685 年，康熙皇帝放宽海禁政策，在江苏、浙江、福建和广州设置了 4 个通商口岸。各口岸都设置有海关监督，管理进出口贸易，征收关税。第二年，广州地方政府还招募了 13 家较有实力的行商，指定他们与外商做生意并代海关征缴关税，称其为"洋行"。这是后来的"广东十三行"的前身。十三行享有垄断特权，外商无论是采购中国的特产，还是销售洋货，都必须经过十三行。同时，十三行的行商们还负有替清政府严密监督外商的责任。

广州距欧洲航海距离最近，所以此后数十年里西方商船主要集中在广州进行贸易，其余三个口岸几乎被放弃。然而1755年，英国东印度公司的一支商船队打破惯例，直奔浙江宁波口岸进行交易。由于此前已经许久

享有对外贸易特权的广州十三行

没有洋船北上，这次却忽然闯入海滨要地，让清政府很不适应，甚至感到恐慌。乾隆本想通过提高宁波海关关税的办法来阻止洋船北上，但未能达到目的。于是他急调熟悉外贸事务的两广总督杨应琚任闽浙总督。杨应琚调查得知，外商之所以赴浙江贸易，是因为他们采购的货物以浙江的丝绸、福建的茶叶和江西的瓷器为主，就近置办货物，能节约不少成本，仅仅提高关税并不足以抑制外商北上贸易。他上奏称，浙江的天然防御条件和防务实力都不能与广东相提并论，考虑到洋船高大如屋，来去无常，尤其还装载着炮械火力，云集商港对清军水师无疑是个巨大威胁。加之江南属于财富重地，不能听任洋船自由出入，因此将对外通商限制在广东一地才是上策。乾隆采纳了他的"上策"，下令封锁江苏、浙江、福建三省关口，仅限广州一地对外贸易。此后直至鸦片战争，中外贸易的唯一口岸和贸易中心就是广州。

乾隆皇帝实行一口通商的闭关锁国政策，只是为了维护自己的统治，本质上并不反对西方事物。他曾经对法国产生过浓厚兴趣，打算派外交使团会见法国国王路

人物故事

路易十六

路易十六最喜欢的事情是制锁，且有一定天赋。皇宫中有一间全法国最高级的五金作坊，他经常把自己关在里面与各种工具、锁具相伴。他还曾高薪聘请民间著名锁匠加曼，向其虚心求教。大革命爆发后，他积极联络国内外反革命势力，试图反扑。他用一把特制的锁，把这些信件锁在保险箱里，并自信地认为世上没有人能打开。让他意想不到的是，那把锁却被他高薪聘请来的加曼打开了。事情败露后，人们强烈要求处死他。更具讽刺意味的是，他最终死在了自己改进过的新式铡刀之下。

易十六。但 1789 年，法国爆发了大革命。4 年后，路易十六被送上断头台，成为法国历史上唯一一个被处死的国王。在乾隆看来，这是必须镇压也必须防范的暴民行径。正是在路易十六被处死那年，英国马嘎尔尼使团来到中国。他们提出的要求被乾隆果断拒绝，或许与此不无关系。

6. 官逼民反

1796 年，乾隆把皇位传给嘉庆，自己做太上皇，继续控制权力。同年，白莲教起义爆发，这次历时 9 年的起义结束了所谓的"康乾盛世"，也令清王朝元气大伤，逐渐走向衰落。

白莲教在明代以前称作明教，是一个综合了佛教、道教及外来宗教摩尼教等宗教教义的民间宗教组织，长期以来在川、鄂、陕三省交界的原始森林地带进行传教活动。白莲教倡导"穿衣吃饭，不分你我"的教旨，深受遭受官僚、地主、富商等多重压榨的贫苦农民的欢迎。乾隆末年，白莲教的势力已经很大，教民遍布川、鄂、陕、豫、甘等省区，并准备发动起义。这引起清朝统治者的不安，大批教首、教徒死于乾隆末年的疯狂大搜捕。各地教首便以"官逼民反"为口号，号召天下教徒奋起反抗。

1796 年年初，嘉庆刚刚登基，白莲教首领张正谟与聂杰人便首举义旗，率领教众在湖北宜都、枝江一带起义，各地教徒纷纷响应。嘉庆深知白莲教的来历和威力，急派湖广总督毕沅、陕甘总督宜绵、四川总督福宁、湖北巡抚曹龄等人率兵围剿，同时采用剿抚兼施的手法，以免罪、招降、奖励等宽大政策分化、瓦解起义军。3月初，尽管聂杰人在战斗中被俘、被杀，但湖北、四川、陕西、河南、甘肃等地到处燃起了反抗清朝的战火。

湖北襄阳人王聪儿是个出身江湖艺人的女首领，她带领义军惩杀贪官，开仓分粮，从湖北一路转战到河南、四川和陕西。1798年，她与姚之富率领的女兵们在湖北郧西被官军包围，为了不被官军捕获，纵身跳下悬崖而死。

徐天德率领的四川达州义军，则是白莲教起义中影响最大也最久远的一支。他们纵横巴山蜀水，坚持奋战，共击毙清朝将官数百人。

白莲教起义共击杀清朝将官400余人，迫使清廷从全国16个省调集大批兵力，共耗费2亿两白银军费才把起义军镇压下去。白莲教起义虽然以失败告终，但它动摇了清廷封建统治的根基。之后，不同形式、不同规模的武装斗争此伏彼起、延绵不断：1813 年华北地区爆发的天理教起义，1822 年的河南新蔡人民起义，1831 年的广东黎族人民起义，1832 年的湘西瑶族人民起义，1851 年至 1864 年的太平天国运动……直到清朝灭亡，几乎一天也没停止过。

上述情形说明，清王朝的"盛世"之下，已经是危机四伏，国力更是远远落后于西方，而嘉庆、道光时期，各种社会矛盾激化，貌似威严的紫禁城已经渐渐掩映在了落日黄昏之中。

第二章
英国崛起

VR融媒"四史"云课堂
"四史"学习就在我身边

1. 弃陆转海

英国是不列颠群岛上的一个岛国，面积不大，与亚欧大陆相隔一道海峡。它的全称是大不列颠和北爱尔兰联合王国，这里的"联合"，指的是英格兰、威尔士、苏格兰和北爱尔兰四个部分的联合。最初，它们都是独立的王国，后来英格兰逐渐强大并一路扩张，最终兼并了苏格兰、威尔士以及爱尔兰北部（北爱尔兰）。因英格兰始终是主体，所以习惯上称英国。

英国还一度扩张至欧洲大陆，也就是今天的法国境内。公元 1337—1453 年，英法两国断断续续地打了 116

年的战争，史称"百年战争"。这场人类史上最长的战争促进了战术与武器的发明。战争早期与中期，英国凭借重骑兵和可以洞穿甲胄的威尔士长弓占据优势，但进入后期，逐渐败于法国的火药武器与火炮。百年战争的结果是，英国一无所获，还丧失了所有在法国的领土，只好放弃称霸欧洲的企图，转而向海上发展，从此走上了海上帝国的道路。

最初，西班牙帝国凭借哥伦布率先发现美洲新大陆的先发优势，得以称霸世界，西班牙运宝船不断满载美洲的金银返回国内，令英国非常嫉妒。但当时的英国海军还相当弱小，女王伊丽莎白一世便给海盗及冒险家们发放"私掠许可证"，纵容他们沿途抢劫西班牙运宝船，然后均分利润。1572年，仅英国传奇海盗德雷克就从西班牙船队必经的航道上抢劫了30吨白银。英国还暗中支持当时属于西班牙领地的尼德兰（荷兰）人的独立运动，西班牙忍无可忍，最终于1588年派出"无敌舰队"，试图一举击垮英国，却被英国所败，150余艘战舰仅有40余艘逃回西班牙，27 000名士兵仅剩不到 1 万人。国势鼎盛的西班牙从此停滞不前，英格兰则成为海上新贵。之后，英国又通过一场又一场侵略战争和争霸战，最终建立起一个殖民地遍及全球的"日不落帝国"。

2. 工业革命浪潮

1775 年是英国殖民史上的分水岭。这一年，英国经营了将近两百年的北美殖民地——美国，在西班牙与法国的支持下打响了独立战争。1783 年，英国国王乔治三世被迫与美国签订《巴黎和约》，承认其独立。对此，乔治三世一生都无法释怀，当时还沮丧得几乎要退位。因为他觉得，英国此后肯定会像当年的西班牙和荷兰一样，沦为二流国家。但后来的事实证明，他的担心是多余的。因为在美国独立之前，英国国内已展开一场日新月异、突飞猛进的产业革命，也就是著名的工业革命。

这场轰轰烈烈的工业革命因瓦特的一项发明而走向

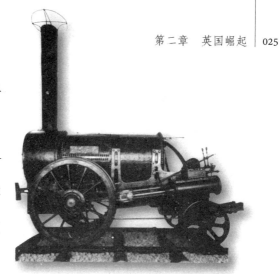

英国工业革命时期生产的蒸汽机车

高潮。瓦特——这个响亮的名字永远和近代大工业联系在一起，永远被视作人类社会迈入机器动力时代的醒目路标。瓦特的祖父是数学老师，父亲是手艺高明的技师。在家庭的影响下，瓦特虽然自幼体弱多病，但他热心科学技术，善于思考，而且动手能力很强。他的少年时期，正值英国工业革命刚刚开始、整个社会对技术革新充满期待的时代。1757年，21岁的瓦特的才华便得到了化学家布莱克等人的赏识。从这年开始，他开始研究蒸汽机。1769年，他的第一台蒸汽机试制成功，之后又经过多年持续研究，最终投产。从1775年开始，各地订货源源不断。至18世纪80年代，瓦特发明的蒸汽机作为动力机已被广泛应用于工业生产的各个领域。从轮船运输、铁路运输到棉纺织生产，蒸汽机都发挥出神奇效应，劳动生产

历史掌故

《国富论》里的中国

　　亚当·斯密在《国富论》中特意提到了中国。他说："中国一向是世界上最富的国家，就是说，土地最肥沃，耕作最精细，人民最多而且最勤勉的国家。然而，许久以来，它似乎就停滞于静止状态了。今天的旅行家们关于中国耕作、勤劳及人口稠密状况的报告，与 500 年前游历该国的马可·波罗的记述比较，几乎没有什么区别。"

率显著提高。在这种新型蒸汽机的召唤下，一个崭新的世界来临了。

　　蒸汽机与冶金业等各种工业的结合，促使英国工业革命快速向纵深发展。英国经济学家亚当·斯密在其名著《国富论》中举过一个制针的例子，大意是说，原先 10 个男人分工合作，每天只能制针 4.8 万枚，但进入大机器生产时代后，1 台机器在 1 个 11 小时的工作日中即可制针 14.5 万枚。一名女工可以同时看管 4 台机器，因此，她一个人借助机器每天就可以制针 60 万枚。

工业革命时期发展起来的铁路交通

再以磨面为例：1768 年，瓦特在伦敦大不列颠面粉

厂安装了两台蒸汽机，每台蒸汽机有 50 马力，可以带动

50 对磨石，每周可产面粉 16 000 蒲式耳。这是英国面粉业的空前壮举，很多上层人物被吸引，去面粉厂参观一度成为一种风气，人们因为去过面粉厂而感到自豪。从 1785 年开始，在蒸汽机的有力推动下，作为英国工业革命园地的棉纺工业逐步走向机械化。1786 年，在曼彻斯特市的大街上只耸立着阿克莱特纺织工厂一家企业的烟囱，15 年后，这样的工厂已经发展到 50 个了，其中大多数都使用蒸汽机。

蒸汽机把英国工业革命推向了最为坚决、最为彻底的发展道路，英国社会经济面貌从根本上得到改造。在英国大地上，到处机声隆隆、烟尘滚滚，纺织业、冶金业和采煤业迅速发展，机械制造业和交通运输业等新兴产业悄然崛起。从英国工业革命开始到 19 世纪 40 年代基本完成的约 80 年间，英国社会生产力的发展十分迅速。原棉输入量，1761 年为 400 万磅，1800 年便增加到 5 600 万磅，1815 年更是剧增到 1 亿磅；棉布制造量，1796 年为 2 100 万码，至 1830 年已增长至 3.47 亿码；生铁生产量，1740 年为 1.7 万吨，1796 年升至 12.5

万吨，1806 年快速上升至 25.6 万吨。

人类社会发展到英国工业革命时代，一切都开始发生根本变化，一种崭新的社会生活方式在英国宣告诞生。此后，它就像一团燎原之火，引发并点燃了法、德、美等世界各国的工业化热情。欧洲国家积极引进英国的工业技术和生产设备，吸引英国技术人才和资本，推动并完成了本国的工业革命。法国棉纺织工业、机械制造业等领域都有来自英国的技术人员、生产管理人员和监工等，仅在 1822 年前后两年间，就聘请英国技术人员 1 600 多名。德国也从英国引进大批机器，甚至不惜重金聘请英国技术人员和专家到柏林建厂，生产机器。随着工业革命接近完成，英国逐步积累了大量资本。这些资本不仅被用于国内投资，而且被用于海外谋利。英国资本大量流入法国、德国和比利时，在那里进行工业品生产，而移居国外的英国人也携带大量资本，在世界各地开拓创业。在法国铁路建设中，英国占有一半以上的投资比例。至 19 世纪四五十年代，也就是鸦片战争爆发前后，英国基本垄断了世界工业和海外贸易，被称作"世界工厂"。世界工业垄断地位的奠定，重塑了英国继续进行大规模殖民掠夺的实力。

3. 坚船利炮

工业革命使英国的机械制造和冶炼技术大为提升，为制造高质量的枪炮和战船提供了良好的原料和技术。

英国的火炮不仅铁质优良，而且使用先进的铁模工艺对炮膛进行深加工，更为光洁，有利于提高射击速度；利用科学方法对火药燃烧、弹道和初速度等进行研究，有利于把握射击精准度。1800年，英国研制出伯克式前装滑膛燧发枪，射程约200米，射速为2～3发/分钟；1838年，又研制出布伦士威克式前装滑膛击发枪，射程约300米，射速为3～4发/分钟。而此时的清军武器装备，鸟枪射程只有100米，射速仅为1～2发/分钟；火炮铁质低劣、气泡多，极易炸裂自伤；使用落后的泥模铸炮工艺，铸件毛糙，且对炮膛没有深加工，致使炮弹射出后弹道紊乱，射击精准度降低。

　　此时，由于科学与工业的发展，英国已掌握了黑色火药的最佳配方。按照科学家歇夫列里的科学研究理论，硝、硫、炭的配组比率以 74.84%、11.84% 和 11.32% 为最佳火药配方。英国据此配置了枪用发射火药和炮用发射火药，硝、硫、炭的配组比例分别为：75%、10%、15% 和 78%、8%、14%，这两种配方被西方各国确定为火药配方的标准。此外，工业革命带来了机械化生产，

历史掌故

火药

　　火药的问世与中国古代道家的炼丹术有关。炼丹术的"哲学理论"非常可笑：在自然界，矿物比植物长寿，植物又比动物（人）长寿，所以要取长寿者之精华补不长寿者。火药的成分是硝石、硫黄与木炭，硝石、硫黄都是矿物，木炭则是植物。这个可笑的理论却意外地促成了火药的发明。中国古人除用火药做烟花爆竹外，也用来生产火箭、突火枪、火炮等火器。后来，火药及火器通过蒙古人及阿拉伯人传入欧洲，得到长足发展后又传回中国。明朝的火药技术与西方差距并不大，清朝因长期闭关锁国，才大幅落后于西方国家。

英国火药已在近代工厂中批量生产，无论是生产技术还是生产数量，均居于世界领先地位。通过与清军火药生产作对比，可更为清晰地理解英国火药的先进性。清军火药配制主要凭借经验，沿用明末的配方，以手工业作坊或工场生产为主。鸦片战争前，广东水师提督关天培所采用的火药配组比例是：硝 80%、硫 10% 和炭 10%，与英国对比，含硝量明显过高，其结果是容易吸潮，不便久贮，爆炸效力低下。加之没有机械化设备，只靠舂碾等手工生产方法，一方面无法提炼出高纯度的硝和硫；另一方面，粉碎和磨光等加工工艺落后，导致火药颗粒粗糙，大小不一，难以充分燃烧。

英国海军为当时世界之最，拥有各类舰船 400 余艘。船舰所用木料坚实，能抗风浪、涉远洋；船底为双层设计，抗沉性优良；排水量从百余吨到千余吨，航行、运载能力强；舰炮数量从 10 门到 120 门不等，作战、防御能力强。而清军最大的战船，其排水量吨位都比不上英军等外级别的军舰；安炮最多的战船，火炮数量仅仅相当于英军火炮数量最少的军舰。

18世纪以来，英国凭借其雄厚的近代工业生产基础，拥有了比世界上其他各国更为先进的枪支和火药，以及数量更多、装备更强的战舰，逐渐确立了它的海上霸权。在1793—1815年的英法战争中，英国打败了拿破

拥有60门舰炮的英国军舰，1743年

仑率领的法国军队，并以坚船利炮作后盾，打开了一个

又一个封闭的海外市场，一步一步地迈上了称霸海洋的

殖民道路。古老的东方大国——中国，也早已成为英国
觊觎的下一个殖民对象。

19 世纪 30 年代的英国议会大厦

4. 资本家崛起

英国的政治体制迥异于欧洲大陆上其他国家。简单来说，法国等欧洲大陆帝国奉行绝对君主制，国王拥有至高无上的权力，英国国王却要与传统贵族及低级贵族（大地主等）分享权力。早在 1215 年，英国就颁行了旨在约束王权、保障贵族权益的《大宪章》。之后，英国王室法院又制定出旨在保护平民自由权、约束地方贵族滥用权力的"习惯法"。

自由权激发了英国国民的个人进取心，培养了英国的商业精神，推动了私人企业的发展。16 世纪后期，一些有实力的大公司获得英国王室的特许，得以在某些领域实现垄断，在某些边远地区甚至拥有政府的权力。这些公司后来成了英国海外殖民掠夺的先头兵和进行殖民统治的最有力工具。

工业革命掀起了商业的狂潮，也催生了工业资产阶级和工业无产阶级。在取得巨大的财富成就后，角逐权力逐渐成为新兴资本家的生活重心。

罗伯特·皮尔家族的崛起是个很好的例子。凭借自己的勤奋与才智，皮尔从一名印布工人逐步发迹，并对政治生活产生了兴趣。在他的熏陶和支持下，他的儿子小皮尔大学一毕业就积极投身政界，之后历任爱尔兰事务大臣、英国内务大臣与下议院议长，并最终于1834年成为英国首相。短短两代人时间，皮尔家族便完成了从财富到权力的双重征服，这对同时期的新兴资本家们有着巨大的鼓舞作用。

马克思曾经说过："资本如果有50%的利润，它就会铤而走险；如果有100%的利润，它就敢践踏人间一切法律；如果有300%的利润，它就敢犯下任何罪行，甚至冒着被绞死的危险。"资本的逐利性决定一旦资本家开始控制国家，资本和政权的威力就会迫不及待地结合起来，最终彻底改造英国社会，进而深深影响全球进程。随着工业时代的全面来临，新一轮血与火的武力征服与现代文明"输出"，一并提上了英国资本家们的议事日程。

第三章

鸦片贸易

VR融媒"四史"云课堂
"四史"学习就在我身边

1. 鸦片与茶

鸦片本是一种药材，早在西汉时期就通过丝绸之路流入中国。长期以来，它给中国人带来的不是灾祸，而是福音，三国名医华佗就曾经用它做过麻醉剂。直到近代，鸦片才沦为英国侵略者的帮凶，被用作荼毒、掠夺中国的工具。

鸦片还被西方人用作饮料添加剂，从古希腊时期一直延续至近代。英国侵略者在向中国贩卖鸦片的同时，也向本国人民贩售鸦片水。但鸦片水并不畅销，来自中国的饮料——茶，反倒备受青睐。

汉朝时，茶叶就与丝绸、陶瓷等中国特产一道传播到了欧洲。因路途遥远，到达欧洲后它的价格会翻上数十乃至上百倍，除贵族外，很少有人喝得起。直到 17 世纪，欧洲各国先后通过海路到达印度与东南亚，并在当地成立各自的东印度公司，各东印度公司通过闯南洋的中国茶商收购到平价茶叶，饮茶才逐渐在欧洲风靡。但由于茶叶是中国独有的物产，到欧洲后售价依然高得离谱。以英国商人为例，贩茶至少能赚到 20 倍的暴利。

不过，英国人很快遇到了麻烦。英国当时实行的是牛顿创立的金本位制，用黄金做货币，而中国实行的则是银本位制，包括茶叶在内的所有中国货只收白银。英国本土及英国殖民地并不产银，英国需要先把黄金兑换成白银，才能跟中国交易。金银一买一卖，不但麻烦，还令英国利润受损。最重要的是，英国人四处开拓殖民地为的是将金银整船整船地运回本土，绝不是流向中国。英国人曾试图用钢琴、刀叉、睡衣、玻璃、钟表等洋货打开中国市场，但中国人过惯了自给自足的日子，对这些商品不感兴趣。英国人转而依靠三角贸易，具体做法

事实真相

茶叶战争

　　1848年，为彻底摆脱对中国茶叶的依赖，英国植物学家罗伯特·福钧受英属东印度公司所托，秘密潜入中国寻找优良茶种，最终带走了近2万颗茶树种子、2000棵茶苗、8位制茶师及大量制茶工具。这些茶树先是被栽培到喜马拉雅山南坡的种植园，之后逐渐遍及印度及斯里兰卡。几十年后，中国茶叶在西方市场的原有份额便被英属印度殖民地生产的茶叶完全取代。

是英国货船载着"英国制造"从本土出发，先到非洲沿海地带换取黑奴，然后把黑奴运到白银产地中美洲，与当地奴隶主交换白银与蔗糖、棉花等，再用换来的白银购买中国的茶叶，最后载着茶叶及蔗糖、棉花等原料返回英国。这种贸易链条后因英法争霸而中断，而且英法各自为战争付出了沉重代价。为转嫁战费，英国又试图通过茶叶压榨其北美殖民地，并把变质的茶叶拿到北美倾销，结果引发了"波士顿倾茶事件"。

　　工业革命进入高潮后，英国资本家急于推销他们堆积成山的工业产品。他们认为英国商品很有竞争力，问题只在于中国皇帝不肯开放市场。为了达到开辟市场的目的，英国最终选择了无耻的鸦片贸易。

2. 英属东印度公司

前面的文字足以说明，英国东印度公司在英国推行殖民主义的过程中充当了极为重要的角色，但它犯下的历史罪行还远不止这些。

需要说明的是，"东印度"这个地理名词是以讹传讹的产物。1492 年，西班牙航海家、殖民先驱哥伦布发现了美洲新大陆，但他直到去世都认为自己到达的是亚洲的印度。后来，欧洲殖民者就称他抵达的中美洲地区为"西印度"，真正的印度及周边地区则被称为"东印度"。许多欧洲国家都建立过自己的东印度公司，包括英国、法国、荷兰、瑞典、丹麦、德国等，但以英国东印度公司最为臭名昭著。英属东印度公司成立于 1600 年，它在成立之初就拥有英国女王伊丽莎白授予的对东方茶叶等贸易的垄断权，并有权建立自己的军队，有权宣战与媾和。通过资本、武装力量和一系列阴谋诡计，英属东印度公司逐渐将法国、荷兰等国排挤出印度半岛，夺取了印度半岛的控制权。后来，它又配合英国政府，使整个南亚次大陆及东南亚部分地区沦为英国殖民地，并进一步剑指中国西藏。

从成立之始，英属东印度公司便致力于寻求对华贸易。最初，它通过茶叶贸易赚取了巨额财富，但它的侵略本性决定了它不能容忍大量白银因贸易逆差流入中国。进入 18 世纪中期，这种逆差又因英国对茶叶需求的增长而进一步加大。以 1751 年为例，英国 4 艘赴华贸易的商船上携带有价值 119 000 英镑的白银（当时英镑与白银的比价大致为 4∶1），同时携带的货物价值仅为 10 842 英镑，带的钱比带的货多 10 倍还多。正处于崛起中的大英帝国当然无法忍受这种局面长期存在。为平衡中英贸易出入，英属东印度公司开始通过输出印度的鸦片来换取中国的白银。

早在 1729 年，葡萄牙人就开始向中国沿海走私鸦

英国在印度设立的鸦片制造厂仓库

片。经过几十年时间，经常进出中国沿海的英属东印度
公司注意到，中国人已经形成了吸食鸦片的恶习，鸦片
需求量急剧增长，因而大肆鼓励鸦片种植和贸易。

1773年，英属东印度公司取得鸦片专卖权，1797年
又取得制造鸦片特权，还在加尔各答设立鸦片加工厂，
精心调制适合中国人口味的毒品。作为英王特许的垄断
公司，该公司伪善地认同清政府的禁运鸦片政策，表面

东印度公司在伦敦的总部，1800年

上限令自己的商船不得载运鸦片，实际上却一手包办了从强迫农民种植鸦片到鸦片的制造和公开拍卖，并通过与由它授予特许证的港脚商（散商）狼狈为奸，使销往中国的鸦片量激增，进而改变了英国的贸易逆差。

最初，英国每年运到中国的鸦片不过200箱，至1796年已达1 070箱，1800年达到2 000箱。至1804年，英船到中国采购茶叶已经不再需要携带一锭白银了。英属东印度公司先后进行了百余年的鸦片贸易，饱饮中国与印度人民的血泪。

3. 疯狂走私

至迟在 1729 年，雍正皇帝就开始下令禁止鸦片流入中国。换句话说，几乎从鸦片大规模流入中国伊始，清政府就开始禁烟。所谓鸦片"贸易"，基本上都是走私行为。但由于清廷的腐败，官吏们与鸦片商沆瀣一气，相关禁令长期形同虚设。

另一方面，英属东印度公司长期垄断对华贸易，特别是鸦片这种暴利行业，激起了港脚商和英国资本家的联合反抗，加之它为了赚钱完全不顾殖民地人民死活，仅 1770 年的孟加拉大饥荒就饿死了约 1 000 万人，迫使印度人民不断起义，给英国政府留下了不好的印象。英国最终于 1834 年废止了英属东印度公司的特权，鸦片贸易从此向英国商人全面开放，从事鸦片走私的外国洋行数量随之快速增长。参与鸦片走私的公司主要有怡和洋行、宝顺洋行、伦敦东印度和中国协会、曼彻斯特商会等。其中怡和洋行是向中国走私鸦片最多的公司，拥

人物故事

笛福与鲁滨孙

英国作家笛福（1660 — 1731），在 59 岁时创作出自己的第一部、也是最畅销的一部小说——《鲁滨孙漂流记》。此前，他则一直忙于四处游历和经商，成功过也失败过。《鲁滨孙漂流记》畅销后，笛福还创作过续记。在续记中主人公鲁滨孙已是商人身份，而且来过中国，而鲁滨孙在中国干的第一件事就是贩卖鸦片："我们买了一点鸦片……这第一批货，我们拿去卖给了中国人，狠赚了一点钱。"

有"奥斯丁"号、"杨少校"号、"奥米加"号、"喳吨"号等多艘走私船。臭名昭著的鸦片贩子查顿和马地臣即服务于怡和洋行。宝顺洋行的老板颠地是与查顿齐名的大鸦片贩子，他拥有"水妖"号、"甲芒特"号和"韦德·戴雷"号等走私快艇。伦敦东印度和中国协会的主席拉本德同时拥有下议院议员和鸦片贩子两大身份，外号"鸦片世家"。曼彻斯特商会主席莫克维卡也是一个鸦片贩子，他经常委托怡和洋行代销鸦片，1838 年还在广州开设莫克维卡公司，亲自走私鸦片。

鸦片贩子的走私活动十分猖獗。为获取更大利润，他们将鸦片走私范围从伶仃岛扩大到广州城外及东南沿海。为适应走私偷运的需求，他们还特制了一种鸦片飞剪船。这种船航速快，载有重武器，并且可以逆印度洋季风航行。以怡和洋行的"红色海盗"号飞剪船为例，它一次可运载鸦片 800 箱，载量比一般商船要多出 500 箱，从加尔各答到广州的时间却只需 40 多天，比一般商船行程要少 50 多天，一年内可在中印之间往返 3 次。

停泊在广东海面的英国鸦片趸船

历史掌故

伶仃岛

伶仃岛有内外之分，均位于广东省珠江口外的伶仃洋。伶仃洋也作零丁洋，南宋末年，抗元名臣文天祥抗元失败后被俘，路经这片海域，在元军军舰上写出了流传千古的不朽诗篇《过零丁洋》。鸦片战争前，英国鸦片贩子最初是在陆上（黄埔和澳门）进行走私活动，后来清廷下令驱逐鸦片船，交易才转移至海中——以内伶仃岛为主要基地，英国废除东印度公司的垄断权后又转移回陆地。

随着武装走私日益猖獗，鸦片走私逐渐由暗中偷运发展为公开强运。最初，英美商贩一般是将鸦片运到伶仃岛的趸船（固定在岸边的无动力平底船，用于上下旅客、装载货物）上贮存，再由中国奸商凭提货单到趸船上取货，然后自雇快蟹船（船两侧有成排桨橹，外形如螃蟹，配备多名壮汉划桨，行走如飞），将鸦片运回广州。但英属东印度公司的鸦片垄断权被废除后，不久就有大批英美商船直接到岸上向买主交货。1838年，英国驻华商务监督查理·义律在给外交部长巴麦尊的信中称，近两个月以来，在伶仃岛与广州之间从事非法贸易的英国船只数目大增，在鸦片交货时，商船与清政府缉私艇之间常常发生武装冲突。如是，鸦片走私数量急速增长。1834 年至 1838 年，输入中国的鸦片从 2 万箱急蹿至 4 万多箱，每年平均增长 4 000 箱，增长速度超过以往任何时期。

4. 烟毒大患

鸦片战争前，烟毒泛滥中国。英商的鸦片分销点不仅遍及内地 18 行省，而且扩张至山海关外的沈阳等地；鸦片买卖的中心也不再仅限于广州一地，还增加了厦门和天津等地。走私者、分销者、兴贩者、开馆者和烟具制造者，已形成鸦片产业链。烟馆不仅林立于通都大邑，城乡市镇也有分布。吸食者数量惊人，据估计，1835 年全国吸食鸦片者至少达 200 万人，上至王公贵胄，下至庶民百姓，社会各阶层和各行各业几乎都有吸食者。

鸦片走私给中国社会和中国人民带来了巨大灾难，

魏源在《海国图志》一书中曾愤怒地说，鸦片为"中国三千年未有之祸"。

第一，它导致中国白银大量外流，破坏了人民的经济生活。据统计：1807—1809 年，平均每年约有 170 万两白银流出中国；1825—1829 年，外流白银增至每年 265 万两；1830—1834 年，进一步增加到 547 万两。白银外流直接导致银荒，进而导致银贵钱贱，引发通货膨胀。19 世纪初，一两白银可兑换铜钱千文，到 1838 年

西方绘画中的清朝鸦片吸食者

时已涨到 1 600 多文。白银价格日益高昂，使人们尤其是农民和手工业者生活负担加重，因为他们出售产品时得到的是散碎的铜钱，而缴纳赋税则必须用银两，人民的负担随着银价的上涨而加重，这种负担在 1821—1839 年加重了 30% 以上。

第二，它摧残了中国人民的精神和体质。鸦片是一种毒品，其特点是吸食后极易上瘾，而且烟瘾特别剧烈，几乎无法抗拒。长期吸食的人，个个面容枯槁，眼睛深陷无光，就像是病入膏肓的病人，变成三分像人、七分像鬼的废人。不仅中国的有识之士认为这是典型的谋财害命，就连一些英国人也认为贩卖鸦片比贩卖非洲人去美洲做奴隶更罪大恶极。同时，它也会破坏社会生产力，影响社会稳定，最终造成中国东南沿海地区的工商业萧条和衰落，引发清政府的财政危机和统治危机。

第三，它直接威胁中国国防。鸦片无孔不入，军队中的官兵也不乏吸食者，瘾君子们身体羸弱，精神萎靡，如何作战？这是直接危及国家安全的严重隐患，关系到国家的生死存亡，由不得清政府不重视。

第四章

虎门销烟

1. 弛禁与严禁

　　1820 年，38 岁的道光皇帝继位，与他的父辈祖辈相比，这是个命运不济的皇帝：对内有难以调和的社会矛盾，对外有前所未见的西方强敌。他首先需要解决的问题，就是如何应对鸦片在中国泛滥。可怕的是，他对推动鸦片走私的强大的英国近乎一无所知。

　　从 1729 年颁布第一道禁烟令至 1839 年百余年间，清朝历经雍正、乾隆、嘉庆和道光四朝，其间上自朝廷，下迄督抚衙门，清政府先后发出过 45 道严禁贩运和吸食鸦片的谕旨、文告，但从未被认真执行，以致鸦片之害愈演愈烈。

究其原因，一是封建统治者对鸦片的危害缺乏足够认知，只是把它当作一般毒品来禁止。道光即位后虽然重申禁烟令，但他的核心主要局限在政府税银的得失方面。二是对吸食者和贩卖者惩罚不严。从当年的法令、条文看，无论是贩卖者还是吸食者，都罪不及死，致使那些烟瘾缠身者即便冒险犯法，也无性命之忧。三是吏治腐败，鸦片贩子可以通过行贿等手段打通关节，从而使禁烟令形同虚设。

林则徐曾称，衙门中吸食人员最多，多达十之八九，尤其是现任督抚，嗜烟者约占半数。这些人唯恐禁烟断了鸦片来源，瘾发难熬，因此不愿切实执行禁烟法令。

在这种情况下，时任太常寺少卿许乃济于 1836 年提出了"弛禁鸦片"的主张。所谓弛禁，就是解禁，即将鸦片走私合法化，并鼓励本土人民大力种植罂粟、生产鸦片。他认为，政府这么多年

吸食鸦片用的烟具

吸食鸦片用的
烟具

的严禁政策不仅没减少鸦片走私，而且造成了官员敷衍塞责、包庇走私和匪徒乘机打劫等社会问题，无论是停止贸易，还是下令闭关，都无法起到禁烟的作用。

对此，他提议对鸦片弛禁，准许外商输入鸦片并以货易货，那样就可将鸦片按照药材收税，增加国家税收。同时准许本国人民种植罂粟，自制鸦片，准许官员、士子和兵丁以外的人们吸食鸦片。在他看来，内地人民种植罂粟越多，鸦片就会越便宜，就会给英商从印度远道运来的鸦片造成巨大的成本压力，最终迫使他们因为无法获利而退出。如此一来，中国白银外流问题就可以得到解决。而允许官员、士子和兵丁以外的人们吸食鸦片，对国家政体也无关大碍。很显然，不管他的出发点是什么，这都是一种非常愚蠢的论调，只会加重鸦片对中国社会的毒害。

但道光并没有直接否决这个提议，而是将许乃济的主张抛给群臣讨论，让大家各抒己见。礼部侍郎朱嶟指出，严禁鸦片虽然会带来一些问题，但不会伤及中国根本，放任鸦片泛滥乃至弛禁，只会让问题无法收拾。许乃济的弛禁主张并不能起到他所期许的那些积极作用，而是一种掩耳盗铃的诡辩和无稽之谈。朱嶟进一步指出，吸食鸦片会使国人身体衰弱、精神萎靡，这种危害比白银外流更严重。所以，他主张严禁，他的主张获得了兵科给事中许球和江南道御史袁玉麟等人的大力支持。

弛禁论遭到朱嶟等人的严厉驳斥后，道光帝对禁烟的态度陷入犹豫不决中。1838 年 6 月，鸿胪寺卿黄爵滋站出来力挺严禁主张，并主张对吸食鸦片者施以死刑。这个办法得到了湖广总督林则徐的高度评价。9 月，林则徐也向尚不能痛下决心的道光上奏，指出如果再这样马马虎虎下去，只怕几十年后中国将征不到可以抵抗敌人的兵丁，也筹集不到充作军饷的银子。道光看了奏章，方感局势严重。为维护封建统治利益，他下定决心采纳

事实真相

侵略者的掌声

没有证据表明许乃济与内外鸦片贩子和相关贪官朋比为奸，但他至少在无意中做了这些人的利益代言人，因此赢得了他们的喝彩与掌声。英国鸦片贩子不仅称赞他的奏折，还把它译成英文到处传播。当这篇奏折传到广东后，英国驻华商务监督义律以喜出望外的心情报告英国外交大臣巴麦尊说："许乃济的弛禁论将直接影响、刺激印度的鸦片种植。"普通烟贩们也是兴高采烈，进而更加肆无忌惮地走私鸦片。能从鸦片贸易中获利的广东十三行商人也为此叫好，并向地方长官提出了使鸦片运销合法化的具体措施。当年，广州鸦片进口量便突破了3万箱大关。

严禁建议，并采取了严禁鸦片的相应措施。第一，下令严惩违禁官员。庄亲王、辅国公等被革除王爵和公爵，其他吸食官员也被革职，主张弛禁的许乃济也被降为六品。第二，重用林则徐。道光不仅19次召见林则徐，允许他在紫禁城中骑马，而且任命他为钦差大臣，专门办理广东的禁烟事宜，沿海水师也都归林则徐节制调遣。第三，颁行《钦定严禁鸦片烟条例》，将黄爵滋奏折中所提办法进一步具体化、法律化。这些措施表明道光已经下定了禁烟的决心，一场雷厉风行的禁烟运动即将拉开帷幕。

2. 禁烟英雄林则徐

林则徐（1785—1850）是福建侯官（今闽侯）人，他出生在一个底层知识分子家庭，其父是当地的私塾先生，收入有限，但子女众多，一家十余口人有时三餐都难以为继。读书期间，林则徐曾因家庭经济困难几次出外谋生，做过塾师，也做过幕僚。在做幕僚阶段，林则徐就开始注意到了鸦片的危害，并积累了不少官场经验，为他后来走上仕途做好了准备。

林则徐天资聪颖，4 岁启蒙，14 岁中秀才，20 岁中举人，27 岁中进士，正式进入官场。此后他历任国史馆协修、撰文官、翻书房行走、清秘堂办事、江西乡试副考官、云南乡试正考官、江南道监察御史、江苏按察使等职，其间他关心民生疾苦，兴修水利，主张禁烟，为百姓做了不少好事。

1832 年，英国东印度公司派高级职员林德赛化名胡夏米，乘坐"阿美士德"号商船，由中国澳门出发沿海岸线北上，一路测量中国沿海港湾并收集情报、进行侦察活动，同时向沿途接触到的中国渔民散发传教小册子，进行文化渗透，清廷有识之士对此反应强烈。于是，时

历史掌故

林则徐流放新疆

林则徐被历史学家誉为中国近代"睁眼看世界的第一人"，但他毕竟只是一个 19 世纪的封建士大夫，对西方的认识总体来说还是苍白的。比如他曾在奏折中说，中国人离得了鸦片，洋人却离不了茶叶，因为他们嗜吃牛羊肉，缺了茶叶将会消化不良而死。当然我们不能以今人的眼光苛求古人，林则徐永远当得起"民族英雄"四字。虎门销烟是林则徐的辉煌时刻，战争失利后他便被道光撤职流放。在赴流放地新疆伊犁前，他吟诗一首留别家人——《赴戍登程口占示家人》，其中"苟利国家生死以，岂因祸福避趋之"一句，是说只要有利于国家，自己的生死祸福都可以在所不计。同时被贬伊犁的还有两广总督邓廷桢，同为天涯沦落人，又都是饱学之士，二人经常诗文唱和，互相安慰，也互相鼓励，留下了一段历史佳话。

任江苏巡抚的林则徐与两江总督陶澍联合上奏，提议严查夷船，收缴鸦片并当众焚烧。

林则徐

虽然这一主张被道光皇帝斥为"所见大谬"，但林则徐的禁烟决心并未因皇帝斥责而稍有动摇。1833 年他再次上奏，指出江南鸦片盛行，民众堕落，提议在洋船入关前严加巡逻，在入关时严查夹带，并严惩与外商勾结牟利的中国奸商，以杜绝鸦片来源和奸商钻营。

升任湖广总督后，他继续推行禁烟政策。他认为，戒烟并非难在割瘾，而是难在割心。为此，他于 1838 年提出了六条禁烟措施：第一，为了禁绝馋根，主张将烟具收缴净尽；第二，为了避免因循观望，主张将 1 年以 3 个月为单位分成 4 期，根据悔改戒烟的时间，采取由宽而严、由轻而重的渐进式惩戒措施；第三，为了断源截流，主张加重开馆兴贩以及制造烟具人员的罪责；第四，为了禁止衙门人员吸食，主张对文武属员吸鸦片者的上司一并予以革职或降调处分；第五，为了禁止地方吸食，主张责成地保、甲长等严密稽查，否则以包庇罪论处；第六，为了断定吸鸦片的虚实且防止遗漏和作弊，主张采取"熬"而非"审"的审断方法。这些措施不仅反映了林则徐的禁烟决心，更反映出他的禁烟主张绝非清谈，而是已经落实到具体的操作细节上。

然而很长一段时期内，由于道光皇帝犹豫不决，林则徐的禁烟抱负始终难以施展。即便在朝廷决议禁烟后，依然还有弛禁论者奉劝林则徐不要因一意孤行而引发中外战争。在这种情势之下，林则徐出于对国家和民族的责任感，将生死置之度外，着手取缔烟馆，捉拿并严惩横霸一方、贩卖鸦片的土豪恶棍，维持地方治安，博得了"林青天"的称号。

他采用"熬审"的办法审讯吸食者，并采集良方亲自监制戒毒药品，供鸦片吸食者服用除瘾。他在武汉三镇收缴烟土、烟膏13 000余两，烟枪、烟斗2 000余杆，在湖南收缴烟枪 2 300 余杆，逐一验明，先用刀劈，继用火烧，将烟土、烟膏拌以桐油焚烧，烧透后再将余烬投入江心。

1839 年 1 月，林则徐奉命赴粤禁烟。临行前，好友龚自珍致信劝勉他充分估计禁烟可能遇到的各种阻力，要坚决果断，不惜动用重兵，休整军备，争取禁烟成功，使中国出现"银价平，物力实，人心定"的局面，并赠送他一方石砚。林则徐对龚自珍信中所提的九条建议评价极高，且对这方石砚极为珍爱，即使后来被流放新疆也依然随身携带，以此明志。

1839 年 3 月，林则徐刚刚抵达广州就向洋商表明了自己的禁烟决心和信心，称"鸦片一日不绝，本大臣便一日不回"，誓与禁烟一事相始终，决不半途而废。他也意识到禁烟是一场十分尖锐而复杂的斗争，不以武力作后盾，不足以制服侵略者。他一面严厉禁烟，一面着手加强沿海防务。正是这种始终一贯的禁烟决心和好友同道的鼓励、支持，使林则徐创造了轰轰烈烈的虎门销烟壮举，他也因此成为妇孺皆知的禁烟英雄。

3. 封舱围馆

1839 年 3 月 10 日，林则徐抵达广州。他住在越华书院着手了解情况，确定禁烟方针。3 月 18 日，他会同两广总督邓廷桢等人传讯十三行洋商，命外国鸦片贩子限期 3 天上缴所有鸦片，并书面保证今后永不夹带，如有携带，一经查出，货物全部没收，外商接受中国法律处置。

但林则徐的禁烟方针面临着国内外的双重阻力。此前，行商与洋人早已形成共同利益集团。就在林则徐传讯十三行洋商当天，洋行总商伍绍荣便暗示林则徐自己可以破财消灾。林则徐怒斥他："本大臣不要钱，要你脑袋！"此外，当时英国鸦片贩子已获悉风声，将广州城中的鸦片转移到了伶仃洋中的 22 艘趸船上。若想把趸船上的鸦片悉数收缴，必须与狡猾的鸦片贩子斗智斗勇。以大鸦片贩子颠地为首的英国奸商们内心极力反对缴烟，但他们一方面假意表示不再和鸦片贸易发生任何关系，一方面又想通过往常的贿赂手段蒙混过关。

　　廉洁正直的林则徐根本不吃那一套。3月22日，也就是3天期满之时，他当机立断，下令传讯颠地。颠地长期贩卖鸦片，不敢坦然走出商馆。经过激烈的心理斗争，颠地最终答应上缴鸦片1 037箱。但林则徐心知其手中的鸦片绝不止这么少，显然仍是在虚与委蛇。

　　与此同时，英国驻华商务监督义律也赶到广州，准备帮助颠地潜逃，竭力破坏中国的禁烟运动。林则徐针锋相对，于24日晚下令停止贸易、封锁船舱、包围商馆，安设巡船，稽查出入，将义律和320名鸦片贩子一同禁闭在商馆中，限期呈缴鸦片，并下令撤回英国商馆里的中国买办和工役。外国商馆内所有中国人全部撤离，商馆前后的街道、广场、河面都布置了重重封锁线，不准运入生活物资，也不准任何外国人走出商馆，事态顿时显得异常紧张。

　　广州市民拆下商馆前面围栏的沉重柱子，作为准备攻打的武器，商馆后门也被群众用砖头堵塞。门外的市民们都赤着脚，外商担心他们破门而入，在主要入口处撒满了碎玻璃。洋人们失去了仆人，没有了食物供应，变得相当焦躁。美国商馆的商人亨特写道："商馆好像一片死地，连一个帮厨的人都不准留下，外国居民简直完全束手无策。结果，为了生存，被迫自己尝试做饭。有的人不满、抱怨、焦躁，把前所未闻的咒骂都加在了天朝道光皇帝和林钦差大臣的头上。"

经过几天剑拔弩张的较量，到3月28日，山穷水尽的义律不得不禀呈林则徐，愿意忠诚而又迅速地呈缴英商所有的鸦片共20 283箱/袋，其价值由英国政府予以补偿。截至5月18日，停泊在伶仃洋中的22艘趸船上的19 187箱和2 119袋鸦片缴完，按照一袋鸦片的分量相当于一箱鸦片来算，林则徐实际收缴了21 306箱，比义律当初交代的数量又多出1 000多箱。

4. 虎门销烟

成功收缴鸦片后，林则徐一面上奏朝廷，请求将鸦片解往北京验明烧毁，一面命人将2万多箱鸦片堆贮在虎门寨下的水师提督署和附近民房、庙宇中。每个鸦片箱长约 3 尺、高宽各 1.5 尺，大房 1 间只能堆放四五百箱，房屋数量不能满足贮放需要，只好将贮烟地点分成数片，在每片房屋外加筑高厚的围墙，另外加盖高棚。为防范偷窃，林则徐内派文职正佐 12 人分在各处看守，外派武官 10 人带领 100 名士兵日夜巡逻放哨，严密防守，等候道光帝下旨处理。

道光帝考虑到广州离京师千里迢迢，无论水陆运输，皆需耗资费力，又恐在路上被抽换调包，便下令林则徐就地销毁，也让沿海居民和外国鸦片贩子好好看看。

5 月 30 日，林则徐接到就地销毁的谕旨，立即着手寻求销毁办法。在湖广总督任内时，他曾采用火烧的方法，将鸦片拌以桐油燃烧。但在燃烧过程中，会有部分余膏渗入地中，有些瘾发难熬的人便掘地取土，竟可得 20% ～ 30% 的烟膏，所以此法不能再用。

林则徐离京南下时，曾一路搜集销烟方法。经过安徽时，他约见闲居在家的禁烟、销烟先驱——田溥，详细了解他在广东香山任县令期间的鸦片流布情况及销烟之法；在江西他拜访包世臣等名士，向在广东生活了 8

年的门生张浦云等人虚心请教。经过仔细查访、集思广益后，林则徐得知煮化法比焚烧法更为合理，即将鸦片与盐、石灰相煮，鸦片便化为渣沫，再难成膏。然而，此法的实施，需要筑垒成千上万的锅灶，而且过程漫长，不便管理。林则徐和关天培等反复酌商，决定把煮化法改为浸化法，即挖水池代替铁锅，在水中撒盐成卤，然后将鸦片切块投下，浸泡半日，再把整块烧透的石灰投入池内，搅拌浸化销毁。浸化法更合乎科学，且能满足大规模、快速销毁巨量鸦片的需求。

林则徐把虎门选为浸化销烟的地点。虎门险要天成，沙角和大角两山对峙，是出入珠江南海的门户，距离内河不远处又有下横档、饭箩排、横档、南山、大虎和小虎等岛礁做门户，并且布有众多炮台，在此

虎门销烟

毁烟，既有利于掘池引水浸化，又有利于防卫，保障销烟顺利完成。

　　办法和地点确定后，林则徐令部属督促军民昼夜施工，在太平镇镇口村码头旁边的海滩高地上挖掘了两个长宽各 15 丈余的方形大池。两个大池的池底均铺有石板，池前挖设涵洞用来排泄浸化后的鸦片、盐卤和石灰的化合物，后面通有水沟，以便引水入池。池岸四周围立栅栏，还建起数座供官员监视、检查用的棚厂。6 月

1 日，林则徐祭告海神。3 日，钦差大臣林则徐、粤海关监督豫坤、广东布政使熊常镈共同监督首次销毁鸦片。

　　鸦片销毁现场布置得威武庄严，写着"钦差大臣奉旨查办广东海口事务大臣节制水陆各营总督部堂林"27 个大字的黄绫长蟠迎风飞舞，围观人群密密麻麻。也是天遂人愿，数日来连降大雨的虎门是日大晴，红日当空。午后 2 时，在震天动地的礼炮声后，一群赤脚光背的工人走上横跨在销烟池上的数条木板，先往池中撒下盐巴，继而把劈箱过秤后的鸦片逐一切成 4 瓣抛入池中。经过一段时间的浸化，再把烧透了的石灰倾入池中，销烟工人手持铁锄、木耙反复搅翻。霎时间，销烟池内如汤滚沸，浓烟上涌，渣滓下沉。一池销毁完毕，趁海水退潮时启放涵洞，渣沫随波浪流入大洋。与此同时，另一池又开始浸化。两个池子如此轮流销毁，一天销毁鸦片170 余箱。从 6 月 3 日到 25 日，23 天时间内，237 万余斤鸦片除将公斑、白土、金花、小公斑四种烟土各留 2 箱作为样品外，其余全部如数销毁。在销烟过程中，对那些趁机偷窃鸦片的不肖之徒严惩不贷，决不手软。

前来观看的群众越来越多，欢声雷动。为粉碎外商曾散布中国人根本不会销毁鸦片的谣言，6月13日，林则徐发出准许外国人参观销烟过程的告示。美国奥立芬洋行股东金和其眷属、传教士裨治文、商船"马礼逊"号船长弁逊等专程从澳门到虎门参观。裨冶文称："我们曾反复考察过销烟的每一个过程，他们在工作中表现出来的细心和忠实程度，远远超出我们的预料……"曾当过《澳门月报》编辑的卫三畏在《中国总论》中也写道："鸦片在最彻底的手段下被销毁了……全部事务的处理，在人类历史上也必将永远是一个最为卓越的事件。"林则徐于7月5日会同两广总督邓廷桢、广东巡抚怡良将销烟情况上奏道光帝，道光阅奏折后批道："大快人心！"

虎门销烟后，印度市场上的鸦片价格狂跌，由每箱2 000元（西班牙银元）降至200元。大烟贩查顿写道："在广州看不到一个鸦片零售商，没有一个人打听鸦片。"虎门销烟使全世界感受到中国人民禁烟的决心和信心，沉重地打击了鸦片贩子和不法资本家。

第五章

侵略与反抗

1. 英国决定远征

中英之间的武力冲突最早可以追溯至 1834 年。当年，英国将英属东印度公司的贸易特权收归国有，随后派贵族军官威廉·约翰·律劳卑赴广东担任驻华商务总监督，取代先前东印度公司的所谓"大班"。律劳卑来华的主要任务是与中国官员建立直接且平等的关系，不再事事通过十三行。同时，他也被告知不得损害英国与中国的现存关系。他刚到广东，便向两广总督卢坤递交了一封"平行款式"的公函，却遭到了卢坤的拒绝，并被勒令返回澳门。律劳卑拒不返澳，卢坤便中断了贸易，继而封闭商馆，断绝供应，并派中国兵船到英国商馆附近的河面威慑。律劳卑不肯示弱，下令调来3艘英国军舰，由外海闯入虎门，进行威胁。英舰在与虎门炮台清军交火35分钟后驶入珠江。卢坤随即将12艘大船沉于珠江河底拦截，又从各地调动舰只28艘、士兵1 600人包围内河。英舰进退失据，加之律劳卑染上了疟疾，诸事不顺，不得不下令英军撤离广州，返回澳门。回澳门不久，律劳卑便含恨而死。他临终前指出，只有战争才可以解决中英贸易纠纷。

1839年7月7日，也就是虎门销烟结束不久，30名英国水手借着酒劲，从香港尖沙咀村一带的洋面上岸，在尖沙咀村肆意行凶，捣毁庙宇，打伤多人，农民林维喜因受伤严重而殒命。这次暴行，连义律都承认是一次可耻的骚动。林则徐对此非常重视，在掌握人证物证后，他命令义律交出凶手。义律拒

虎门一号销烟池出土的铺地石

不交凶，而是在停泊于中国领海的英船上私设法庭，照英国律例审判肇事水手，只通知中国派官员旁听。林则徐和邓廷桢等向义律严正抗议，言明以往的命案都是由中方遵照中国律例审办，各国无不遵从。在仁至义尽地劝说无效后，林则徐于 8 月 24 日命令澳门葡萄牙总管将所有英国人驱逐出澳门，中英关系由是更加紧张。

11 月 3 日，双方在穿鼻洋再次爆发战争级别的冲突——穿鼻海战。当日，义律为阻止英国商船"撒克逊"号向清政府"具结"（书面保证悔改、永不再犯，再犯按大清律处置），派英国兵船"士密"号、"华伦"号驶入穿鼻洋，阻止"撒克逊"号，并突然向前来查究的关天培率领的水师战船开炮。关天培马上命人开炮还击，并拔出腰刀，取出银锭，喝令后退者立斩，击中敌船一炮者立刻赏银 2 锭。激战约 2 小时，双方互有损伤，清军因装备落后损失较大，但总体来说挫败了英军的挑衅。

与此同时，英国议会早已就对华作战问题展开激烈的辩论。虽然有不少英国议员反对远征中国，但主要是基于"律劳卑事件"等历史教训，担心偷鸡不成反蚀一

人物故事

威廉·格拉斯顿

　　威廉·格拉斯顿是当时英国反对党议员，反战派的代表。他妹妹因吸食鸦片酊（含有鸦片的麻醉药品）而导致上瘾，一直没能戒掉，所以他对鸦片非常痛恨。他在一次国会演讲中说："他们（中国政府）警告你们放弃走私贸易，你们不愿停止，他们便有权把你们从他们的海岸驱逐，因为你们固执地坚持这种不道德的残暴的贸易。在我看来，正义在他们（中国人）那边。这场处心积虑的战争将让我们这个国家蒙上永久的耻辱，我们的国旗会变成海盗的旗帜。"

　　把米。最终，主战派压过反战派，英国决定派一支舰队远征中国，同时训令印度总督予以合作。穿鼻海战第二天，巴麦尊向义律发出第 16 号机密训令，授权他与英国东印度舰队总司令马他仑负责在中国进行全权交涉，收集各类情报，为武力侵华做准备。次年 2 月 20 日，英国政府任命海军少将乔治·懿律为中国远征军司令和全权公使，义律为副司令，并向他们下达了最后训令。训令要求英国远征军抵达中国海域后，首先封锁珠江，扣留易于得手的中国船只，然后立即启程北上，切断台湾和厦门之间的运输，占领舟山群岛中适宜作基地的岛屿，封锁扬子江口等河口，然后前往天津和北京地区，以便和中国政府接触。在中国政府答应一切条款并充分实现前，应持续占领所占岛屿，如果中国政府拒绝谈判或谈判决裂，应根据兵力情况采取一切可以困扰中国政府的有效方式。该训令为英国远征军的行动计划、外交方针以及最终目标确立了基调，后来英军在鸦片战争中的行动和签订的条约，基本上都是遵照它进行的。

2. 虎门之战

1840 年 3 月 19 日，在英国下议院的议员们还在进行无休止辩论的同时，英国海陆军已经分别从本土、南非、印度和锡兰（今斯里兰卡）源源不断地奔赴中国。

自 3 月下旬至 6 月初，从不同地区出发的英国军舰，陆续到达广东海面。6 月 28 日，英军封锁珠江口和广东海面。30 日，英军仅留 4 艘军舰和 1 艘武装轮船继续封锁广东海口，其余 12 艘军舰、3 艘武装轮船、1 艘运兵舰和 27 艘运输舰离粤北犯厦门。在被闽浙总督邓廷桢所率官兵击退后，英国舰队继续北上。

关天培

而当时中国沿海除广东和福建外，各地几乎毫无战备。7 月 4 日，英军侵占浙江舟山群岛定海县，大肆屠杀和掠夺。英军把定海作为进军的基地，主力继续北上。8 月 6 日，在没有遇到清军任何抵抗的情况下，英军到达天津大沽口外，直接威胁帝都北京的门户——天津。

义律随即按计划向清政府递交照会，提出鸦片贸易合法化、赔款和割地等一系列侵略要求，同时恫吓清政府，如不全部接受以上条件，就不停止战争。

人物故事

义士与"节马"

　　攻打沙角、大角炮台的英军共2 000余人，自清晨至午后，20多艘军舰共发炮千余发。副将陈连升指挥反击，多次击退英军进攻。随后，英军利用汉奸带路，偷越后山夹攻。清军腹背受敌，600多守兵浴血奋战殆尽，英军才乘虚攻入。陈连升毫不畏惧，在肉搏战中不幸中弹牺牲，其子陈长鹏悲愤中挺戟大呼，冲进敌群，砍杀数人，重伤之后投海捐躯。英军残忍地将陈连升的尸体破坏，并把他的坐骑黄骠马掳去香港。黄骠马恋主，不吃不喝，不久遥望大陆而死，时人称之为"节马"。

　　惊慌失措的道光赶紧派直隶总督琦善赶赴天津与英军交涉。琦善通过实地观测发现，英国人船坚炮利，确非中国可比，加之他一向不主张严禁鸦片，遂与穆彰阿、伊里布等一起向道光夸大英军军力，并将战争责任归咎于林则徐，主张罢战言和；同时对英军采取安抚策略，要求进行谈判。

　　英军本想展示它的炮火威力，但当时驻舟山群岛的英军已有不少人染上传染病并死亡。既然琦善恰在这时承诺处罚"办事不公"的林则徐，听取英国商人的"冤情"并给予赔偿，义律便顺势答应了他的求和要求。

不久，英国舰队驶离天津，琦善因退兵有功被派往广东取代林则徐。为讨好侵略者，他不顾林则徐力劝，将广州海防悉数撤除，水勇兵丁也大多遣散。但因双方诉求悬殊，道光帝认为英国的要求太过分，又下令琦善一面谈判，一面备战。

1841 年 1 月 7 日，谈判破裂，英军发动进攻，虎门战役开始。英军以受伤 38 人的代价击败了清军，攻陷虎门第一隘——大角炮台和沙角炮台。1 月 8 日，琦善要求重开谈判，英军同意暂时停战。

不久，琦善与义律商订了《穿鼻草约》，暂时商定赔偿英国 600 万西班牙银元，割让香港给英国，但税收仍

清军在虎门炮台抗击英军时使用的火药缸

归中国，并承认中英两国的地位平等。

1月21日，义律单方面公布所谓的《穿鼻草约》，并于5天后根据草约强行占领了香港。道光皇帝原以为惩办了林则徐，又秘密许诺一些赔偿条件，英军就应该满足，但出其预料的是，英军竟公开宣布侵占香港，这令清政府大失颜面。

于是，他下诏捉拿琦善，并命奕山做"靖逆将军"，准备重新开战，以显皇威。英军获悉中方态度后，趁着琦善被拿，奕山未至，先下手为强，于2月25日再次向虎门其他炮台发起进攻，当日便用18艘军舰包围了横档、永安两炮台，26日拂晓又分别进攻靖远、镇远、威远和巩固等炮台。

这些炮台属于广州的第二道防线，也是虎门要塞核心。第二道防线若失，后面的第三道防线只有大虎山一座炮台及小虎山少数清兵，广州城岌岌可危。

负责镇守的老将关天培此前多次派人向琦善陈说利害，祈求援兵，琦善仅派200人进行敷衍。如今，外无援兵，内缺粮弹，长官未至，敌人先到，关天培决定以死报国。

他命家丁将几件旧衣服和几枚坠齿送回老家，以示诀别，然后亲自坐镇靖远炮台，另以潮州镇总兵李廷钰等人分守威远、镇远等炮台。他亲燃大炮，与敌激战近10小时，并将自己的财物全部分赠将士，鼓励他们奋勇杀敌。

英军自炮台背后进攻，关天培受伤数十处，血染衣甲，仍坚持与登陆英军白刃作战，终因弹尽援绝，伤重力竭，与游击麦廷章及所部战士壮烈殉国。不久，其他炮台相继失陷，大虎山、小虎山上的清军则不战而退，虎门要塞尽丧敌手。

关天培壮烈殉国的消息传到广州，已被撤职查办的林则徐失声痛哭，当即挥笔写下了"我不如你"四个大字，以表达胸中的无限悲愤。

林则徐还为关天培写了一副挽联："六载固金汤，何人忽坏长城，孤注空教躬尽瘁；双忠同坎壈，闻异类亦钦伟节，归魂相送面如生。"其中"闻异类亦钦伟节"一句，是指关天培宁死不屈的精神就连英国侵略者也十分敬佩。事实上，英军确曾以放空炮这种特殊的礼节向关天培等人表达他们的敬意。

3. 三元里抗英

虎门大战后，英军乘胜闯入珠江，广州门户为之洞开。为勒索一笔军费，英军于 1841 年 5 月 21 日夜再次武装进犯广州，至 26 日结束，共持续了 5 个昼夜。27 日，靖逆将军奕山和义律缔结《广州和约》，赔偿军费 600 万西班牙银元。不过，英军的侵略暴行并未因停战协议的签订而减少，反而变本加厉地在广州城郊烧屋毁田、奸淫掳掠，激起当地百姓的强烈愤慨。5 月 29 日，一小

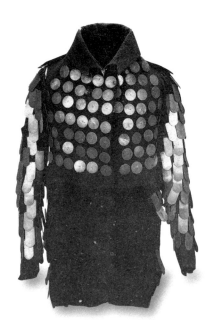

三元里人民缴获的英军铁甲衣

事实真相

以邪制邪

　　1841年3月，奕山到达广州。他拒不听取林则徐恢复海防设施的建议，而是采纳镇压农民起义起家的杨芳的以邪制邪的"妙计"，命令地方保甲遍搜民间马桶，载于木筏之上，以便在交战之际泼在敌舰之上，压制对方"邪乎"的炮火。结果，这种"妙计"不仅必然无效，更导致英军长驱直入，直逼广州城下。时人作诗讽刺这种愚蠢战法："粪桶尚言施妙计，秽声传遍粤城中。"

股英军窜至广州北郊三元里村抢劫，并调戏村民韦绍光的妻子李喜。韦绍光在群众的帮助下奋起抗击，当场打死英军数人。为防止英军报复，韦绍光等安排老弱妇孺转移，并前往邻村求援。随后，附近村民陆续云集于三元里附近，为统一行动，他们议定以供奉在三元古庙神案上的三星旗为令旗，誓约"旗进人进，旗退人退，打死无怨"。这是中国近代史上人民群众第一次大规模的反侵略武装斗争。

　　面对云集于三元里附近的中国百姓，英军统帅郭富（全名休·郭富）蓄意进行残酷屠杀。5月30日凌晨，

三元里人民抗英的指挥旗——三星旗

郭富通知散驻在广州城郊的英军开始进攻。三元里及城北各乡义勇数千人且战且退，将英军引诱至牛栏冈丘陵地带，一时间锣声震天，早已埋伏好的群众队伍，手持刀、矛、锄耙等奋勇杀敌。至下午两时左右，忽然雷电交加，义勇们利用大雨倾盆的天时和丘陵的有利地势与英军展开肉搏战。三元里人民充分发挥大刀、长矛等冷兵器的优势，越战越勇，而英军却因洋枪在瓢泼大雨中无法点燃，不得不落荒逃窜，撤回四方炮台。许多因不识路而窜入树林的士兵，被民众一一搜杀。

英军死伤惨重，三元里人民获得牛栏冈大捷，并缴获大量战利品。据奕山在 8 月 21 日呈递清政府的奏折中说，三元里战后，呈交清廷检验的战利品有铁甲衣、连环甲、西洋剑、象牙印章、铜护心镜、镶钻帽子等。它们既是英国侵略者的罪证，也是中国人民英勇不屈、反抗外国侵略的物证。

而义律为掩饰其侵略罪行和失败惨状，于6月7日贴出告示称，此次事件中百姓刁蛮顽抗，但承蒙大英宽容相待，没有对其予以惩戒，希望村民们以后不要再犯。广东人民立即针锋相对，在商馆门前贴出《申谕英夷告示》，痛骂英国侵略者豺狼成性，盛赞林则徐禁烟抗英，揭露琦善等不开炮火、卑怯求和的懦弱行径，歌颂三元里人民战败英军的英勇事迹。他们在告示中警告侵略者，以后若胆敢再犯，广东义民将"不用官兵，不用国帑，自己出力，杀尽尔等"，表现出中国人民不畏强暴、不屈不挠的反抗决心和必胜信心。

4. 定海保卫战

定海位于浙江舟山群岛，是我国东南沿海的前哨，也是我国北部、东部和南部海防线的中间连接点。无论是军事层面，还是政治和经济方面，定海都属于战略要地。1840年7月，定海被英军攻陷，并成为其攻防基地。1841 年 2 月,经过谈判,清政府以屈辱的条件收复了定海,命令定海镇总兵葛云飞、寿春镇总兵王锡朋和处州镇总兵郑国鸿及所属 3 000 多名官兵驻守。他们在两江总督裕谦的支持下,带领军民修复旧有炮台,并扩建定海外城,积极备战。

此时的道光帝时而主张抵抗,时而主张妥协,朝令夕改,反复无常。葛云飞在给妹夫的信中说:"定海虽然收复,但善后的事一点把握都没有!"1841 年 8 月底,英军第二次北上,不久厦门失守。9 月 26 日,英国新任命的全权代表璞鼎查率领 29 艘船舰和 2 000 多士兵,第二次进犯定海。大敌当前,三总兵立即进行

1841 年 9 月,英军炮击舟山岛

迎战部署，由葛云飞驻守城南要地土城，王锡朋驻守城西制高点晓峰岭，郑国鸿驻守入港咽喉竹山门。三总兵立誓相约："以身许国，竭力杀敌，誓与定海共存亡。"

9月28日，英军向晓峰岭、竹山门发起进攻，被王锡朋、郑国鸿率领的部队打得丢盔弃甲。英舰不断增加，最后多达40余艘，士兵也增加到2万余人，双方兵力悬殊，情况万分危急。三总兵赶忙向镇海大本营请求增援，但坐镇镇海的提督余步云拒不执行裕谦"相机援应"的命令，坐观拒援，并斥其为小题大做，夸大其词。在阴雨连绵的泥泞中，在粮食短缺的饥饿中，在缺弹少药的困境中，将士们坚持奋战了整整5个昼夜。

10月1日，英军再度发动进攻。三总兵率军端着土枪，抬着土炮，顽强作战，并在枪管和炮筒发热烧红、不能发射后，与敌展开肉搏。王锡朋腿部不幸中弹，壮烈殉国。郑国鸿身中数弹，仍坚持作战，最后又被炮火击中，不幸牺牲。城西、城西南发生激战之时，葛云飞也在土城抗击着来敌。接着，西路英军又转战土城，葛

1841 年 10 月，英军侵占宁波

云飞受到东西夹击，被击中左眼，眼前一片模糊。他忍着疼痛，刚想转身劈杀身后敌人，不料被迎面敌人一刀劈开面孔，壮烈殉国。其余士兵仍坚持战斗，直到全部壮烈牺牲。

定海失陷后，英军又进攻镇海。因扼守城外制高点的余步云贪生怕死，临阵脱逃，裕谦力战不支，投河自尽，镇海最终沦陷。不久，宁波亦失陷。

5. 浙东反攻战

道光得知定海、镇海和宁波相继失守后，先后任命吏部尚书奕经为扬威大将军、侍郎文蔚和副都统特依顺为参赞大臣，赴浙江相机收复失地。

1841 年 12 月 2 日，奕经到达苏州，他整日酗酒淫乐，索取贿赂，收取财物。直至数十日后，才因督抚不断催促、民怨沸腾移驻浙江。1842 年 2 月 25 日，奕经前往绍兴，开始调遣各路兵勇，准备反攻。他向道光帝提出了一个自以为是、盲目乐观的作战计划：派少量身手敏捷的壮勇潜伏在宁波、定海、镇海城内，同时安排大部队在城外潜伏，然后趁英军不备，里应外合，互相策应，以便使英军腹背受敌，纵然它有坚船利炮，也无法施展手脚。

几日后，奕经接到的假情报称清军兵勇已分别潜伏于镇海、宁波等城，出兵收复易如反掌。奕经认为天时已到，巧合的是前几天他与文蔚都做过类似的梦。在他们的梦中，英军已从宁波、定海和镇海三城撤退，乘船返航英国。随后，他们派人侦探，发现果然有运输兵械的英国船只准备起航。

奕经以为，梦境是反攻大捷的吉兆。与此同时，他还前往西湖关帝庙求签占卜，签中有"不遇虎头人一唤，全家谁保汝平安"的卦辞。更巧的是，3日后，大金川八角碉屯的藏族土司阿木穰受命率众前来参战，其麾下将士都戴着虎皮帽，与卦辞相互呼应。

奕经大喜，认为这是天意，于是厚赏阿木穰。为投其所好，军中开始效仿阿木穰，纷纷戴上了黄虎头帽、黑虎头帽、白虎头帽和飞虎头帽。这反过来又助长了奕经的求胜心理。于是，他急不可耐地将反攻时间定在农历正月二十九四更时分。因为按照中国传统文化，寅属虎，1842年是农历壬寅年，农历正月（3月）是壬寅月，农历二十九（10日）是戊寅日，当日四更为甲寅时，四寅交会，如虎添翼，而"洋人"者"羊"也，虎能吃羊，所以必胜。为确保胜利，他又挑选属虎的大将安义总兵段永福为督率，寓意"五虎扑羊"。

事实上，清军各方面准备都很不充分，还需要足够的时日。为此，部将向奕经请示，请将总攻时间延缓至农历二月中旬，但奕经攻意已决，强令战前准备必须于正月二十八之前完成。战备不充分，时机不适宜，没有认真研究战略战术，而是盲目迷信吉梦和卦辞，企图以此获得反攻大捷，简直异想天开。在随后的宁波反攻战中，清军遭到了英军伏击，阿木穰率领的100多名戴虎皮帽的勇士，皆死于英军的枪炮之下。事实上，清军机密早已泄露，英军早已做好相关部署。奕经吹嘘的各城内应，则未探知到任何有效情报。定海、镇海反攻也相继失利，不仅如此，还把慈溪也丢了。道光帝的收复计划就这样葬送于奕经的失职、愚蠢和迷信之下。

6. 吴淞之战

浙东反攻战失败后，道光帝从忽战忽和的态度转为一意求降。他一方面指示军机大臣设法与英军斡旋，另一方面又任命耆英为钦差大臣，驰赴浙江前线求和。英国侵略者见清政府态度软化，气焰更加嚣张。璞鼎查等英军首领认为，沿海地区的胜利不足以震撼清廷和各省城的大官要员，于是决定溯江而上，向南京进发，必要时占领南京。此举是要切断北京与东南富庶地区的联系，迫使清政府立即与其媾和。

1842 年 5 月，英军退出宁波和镇海，攻陷乍浦，6 月初驶抵长江口外，窥视吴淞镇。吴淞镇位于长江入海口旁的黄浦江与长江汇流处，是由海入江的门户。黄浦江东、西两侧各有炮台 1 座，从吴淞口到宝山沿线安置大炮 134 门。英舰要进入长江下游地区，必先进攻吴淞。

6 月 8 日，英国舰队在长江口外的鸡骨礁集合，开始派船到吴淞附近勘测航道。13 日，英国海军司令巴克尔带领 3 艘战舰、3 艘轮船从舟山前来汇合，逐渐驶近吴淞口。两江总督牛鉴立即派人向英军求和。英军一心要实现占领南京的战略意图，断然拒绝牛鉴的请求。16 日，英军向吴淞进犯，猛烈炮轰东、西两炮台。守将陈化成亲自在西炮台指挥战斗，向英舰猛烈还击。英军士兵穆瑞的《在华战役记》中写到，英军在此地遭遇到了

人物故事

牛鉴与厨师

　　牛鉴是甘肃武威人，他少年时家贫，徒步千余里到西安关中书院读书，无法解决食宿，常常寄食在书院的厨师家。厨师待他很宽厚，也不图他的报偿。牛鉴做官后，送给厨师千两白银为报。厨师改行经商，成了富翁。后来，牛鉴趁厨师来访之机把他留在自己的官署中。不久，鸦片战争爆发，厨师见提督陈化成、钦差大臣裕谦先后为国捐躯，牛鉴却贪生怕死，力主议和，便给家中去信，将产业全部卖掉，得白银两千两。厨师对牛鉴说："牛大人，从前我接济你，是觉得你将来会成为国家栋梁，并没想要任何报偿。没想到你今天这么误国，你之前送我白银千两，如今本利全部还你，我回去继续当厨师去。"说罢不顾牛鉴挽留，拂袖而去。

作战以来中国人最厉害的炮火。好几艘船舰被打穿，一名海军中尉和几名水手被击毙。

　　按照作战部署，除陈化成和参将周世荣镇守西炮台外，徐州总兵王志元防守由崇明进入吴淞口的门户要地小沙背，参将崔吉瑞防守东炮台，所担任务都十分重要。而事实却是，战役开始后，王志元按兵不动，崔吉瑞一炮不发。更令人愤恨的是，牛鉴一直坐卧不宁地待在宝山城内，但在听闻陈化成炮战得手后，他立即乘轿去吴淞假装巡视，以便邀功。他命令排列总督仪仗，乘坐大轿，鸣锣开道。英舰瞭望哨发现了这支仪仗显赫的人马，立刻发炮轰击。局面顷刻大乱，牛鉴更是惊慌失措，慌忙下轿，让一个侍从穿上他的官服坐在轿中，他自己则混在四散奔逃的乱军中逃之夭夭。

由于王志元和崔吉瑞消极观望，英军很快占领了小沙背和东炮台，集结力量包抄陈化成防守的西炮台，吴淞防线因此全线动摇。战场上，只剩陈化成及其部将韦印福等人与敌鏖战。陈化成在燃炮时手被震伤，鲜血直流。中午时分，牛鉴又派人来传令让陈化成撤退。但67岁的陈化成不愿放弃，仍率数十亲兵坚守阵地，最后被一颗炮弹击倒在地，身负重伤，鲜血浸透了战袍，终因流血过多而牺牲。西炮台随之陷落。

英军占领吴淞后，几乎在未遇任何抵抗的情况下，轻而易举地占领了宝山和上海。英国人柏纳德在《"复仇神"号轮舰航行作战记》中称，他们进入上海北门时，门口仅有 2 门大炮，但已不足惧，因为城门口已经找不到一个中国士兵。

7. 镇江之战

镇江之战是鸦片战争中最后一次大战。为实现控制南京的战略意图，1842 年 6 月 23 日，英军自上海撤退，全部集中在吴淞。同时，璞鼎查还从香港带来增援部队，船舰总数达到 73 艘，军力大增。

7 月 6 日，英军仅在吴淞留 2 艘船舰封锁长江口，其余船舰长驱直入，于 7 月 20 日全部到达镇江城临近运河的入口处。自吴淞之战后，整个江南地区的防务处于瘫痪状态。钦差大臣耆英和乍浦副都统伊里布极力求和，两江总督牛鉴从吴淞口落荒而逃后，自苏州抵达镇江，不仅没有认真备战，反而安排经费用来慰问英军。英军从长江口到镇江，一路简直如入无人之境，包括 7 月 21 日

镇江守军与英军进行殊死巷战

拂晓登陆进攻时，镇江城外守军也是不战而自退，以致英军在攻城的正式计划内都没有做"预备爬城"的准备。但出乎意料的是，他们在镇江城内遭遇到400名青州旗兵的坚决抵抗。

镇守镇江的是京口副都统海龄，士兵中除驻防当地的满洲旗军外，还有400名从青州调来的旗兵。海龄率军奋勇格杀，誓死抵抗。柏纳德在《"复仇神"号轮舰航行作战记》中记述这场战斗时说："很多亲眼见到满军坚决作战的人，都能讲出一些生动的故事。有的旗兵径直向着我军的刺刀冲了上去；有的旗兵将我军士兵捉住，然后抱着一起跳下城墙；他们的肌肉很发达，在与我军用大刀肉搏战时，从不畏缩；当第三旅沿着城墙脚下集合时，一队满兵突然打来激烈的炮火，我军2名军官阵亡，2名军官受伤，还有几名士兵被打倒在地上……"透过柏纳德的记述，可知镇江城是在坚决抵抗和激烈战斗中失守的。城陷以后，守军在副都统海龄的组织下，在万寿宫、高桥、范公桥、小教场等地节节抵抗，殊死搏斗，傍晚时分，英军才冲到城市中心，进攻旗营及都统衙门。海龄激励士兵们宁可战死疆场，也不要在可憎的侵略者面前苟延残喘！宁可自杀，决不投降！在他的激励下，官兵们个个奋战至死，镶白旗步甲兆福刺杀敌人多名，身负重伤后死在大堂檐下。镶红旗防御恒明扼守营门，用招炮、鸟枪歼敌无数。最后，英军放火烧掉了都统衙门，海龄自杀殉国。通过这次战斗，英军认识到，镇江城内驻防的旗兵虽然武器落后，且不通兵法，但绝不缺勇气和锐气。

1842 年 8 月 4 日，英军在毫无抵抗的情形下，驶抵南京。南京是两江总督的驻地，又是中国古都，地理位置十分重要。为取信英国侵略军，主和大员们根本没敢在南京设防。至此，持续两年的鸦片战争已基本宣告失败。

第六章
战败的代价

VR融媒"四史"云课堂
"四史"学习就在我身边

1. 不平等条约

1842 年 8 月 8 日，乍浦副都统伊里布、两江总督牛鉴、钦差大臣耆英等一干贪生怕死之辈，派人前往英舰"皋华丽"号，将拟就的照会交给英国全权代表璞鼎查。他们在照会中说，清朝一向没有"全权大臣"这样的官名，英国的"全权大臣"，等同于清朝的"钦差大臣"。希望与英国代表共商通好，早日停战。

英军则以耆英等人并未受皇帝全权委托而婉言拒谈，同时以开战相威胁。8 月 11 日，英军浩浩荡荡登陆。伊里布等赶忙再送照会，称他们确实是受皇帝全权委托，既可商定和谈条件，也可签订合约。英方让他们出示上谕原件，并威胁将再度使用武力。14日，耆英等被迫将道光帝委托他们便宜行事的诏书正本提交英国。20日，应璞鼎查邀请，耆英、伊里布和牛鉴亲赴"皋华丽"号会谈。

璞鼎查带他们参观火轮机关和车轮铜炮，炫耀实力，以迫使清廷彻底屈服，进而胁迫清政府承担引发鸦片战争的责任。29日上午，耆英、伊里布和牛鉴等人走上装

事实真相

耆英的策略

在签字前，耆英煞费苦心，竭力与璞鼎查结交私议，赠予璞鼎查厚礼，称其为挚友，还特意把"挚友"一词的英文直译"因地密特"（intimate）抄在扇子上，勤加练习。更有甚者，他还表示想收璞鼎查的儿子为义子。璞鼎查答允了他的要求，并将其子改名为弗雷德里克·耆英·璞鼎查。然而，英国人一向信奉国与国之间"没有永远的朋友，也没有永远的敌人，只有永远的利益"。对于璞鼎查这样一个富有侵略经验并极具侵略性的人，耆英这种小恩小惠、嘘寒问暖式的策略，不仅徒劳无益，而且会为其所笑。

备有 72 门舰炮的"皋华丽"号，代表清政府与英国代表璞鼎查签订了中国近代史上第一个丧权辱国的不平等条约——中英《南京条约》。条约规定割让香港岛给英国，赔偿英国 2 100 万西班牙银元，开放广州、厦门、福州、宁波、上海五地为通商口岸，英商进出口货税需双方协定，废除清政府闭关锁国时期的贸易制度。

1843 年 6 月 26 日，耆英和璞鼎查在香港举行了《南京条约》互换批准书的仪式，在此期间，双方商谈了通商章程和关税事务，并于 7 月 22 日在香港公布了《五口通商章程及海关税则》。至此，中国又丧失了领事裁判权和决定进出口税率的权利。

1843 年 10 月 8 日，耆英和璞鼎查代表中英双方又在虎门签订了《虎门条约》。《虎门条约》又名《五口通商附粘善后条款》，它强迫中国给予西方侵略者片面最惠国待遇、外国军舰常驻中国港口和允许英人在口岸租地建屋居住等权利。

上述条约"鼓励"了其他列强，美国和法国接踵而至，它们竭力效仿英国，强迫中国签订不平等条约。1844 年 2 月，美国派遣顾盛为特使抵达中国澳门。

为了达到签订不平等条约的目的，顾盛大肆施展威胁、讹诈手段。7 月 3 日，耆英与顾盛代表中美双方在澳门望厦村签订了《望厦条约》。条约除没有割地、赔款外，包含了中英《南京条约》中英国得到的一切特权，并进一步加以扩大化和具体化。

1844 年 8 月，法国政

1842 年 8 月，清政府被迫签订中英《南京条约》

府也派遣大使刺萼尼带领 8 艘兵船来到澳门，虚张声势，武力威胁，最终在 10 月 24 日，耆英与刺萼尼代表中法双方在广州黄埔的法国兵船上签订了《黄埔条约》，该条约基本以《望厦条约》为蓝本，除享受到美国所拥有的特权外，还强迫清政府准许传教、准许中国人加入天主教。

2. 条约下的中国

一系列丧权辱国的不平等条约的签订，标志着中国将被迫向整个资本主义世界开放，中国政治、经济和社会都将发生深刻的变化。

《南京条约》第三条规定，大英商船远涉重洋来华贸易，往往有船只损坏需要修补之时，因此应该将中国沿海一处"给予"英国，以便修船和存放所用物料。战败的道光帝不得不"恩准"将香港给予英国，并允许其长期占有，进行立法管理。香港从此沦为英国的殖民地，同时成为其对华掠夺、侵略的基地和据点。

　　《南京条约》第四条、第五条、第六条规定，清政府赔偿英国款项总数为 2 100 万西班牙银元，其中 600 万为鸦片费，1 200 万为英国军费，300 万为商欠费。所谓鸦片费，实际上是指清政府合法没收并在虎门销毁了的英国鸦片贩子毒害中国人民的鸦片烟价。1839 年，义律曾在广州以英国政府名义要求商人向清政府交出鸦片，所受损失由英国政府补偿。然而，1841 年巴麦尊在给义律的信中说，"两年前你在广州交出的鸦片，国会决定不偿付这笔款项"，"一定要去强迫中国政府给钱"。所谓

上海租界内的会审公廨

的商欠费，是指鸦片战争前广东十三行商人所欠英国商人的贷款本金与高额利息。当时，英商采取高利贷款方法，把他们滞销的棉布等货物推销给资金不足的中国行商，使中国商人成为他们的债务人。日久天长，拖欠日增。这次所谓的 300 万银元，是指 1836 年广州兴泰行和天宝行两家所欠英商的贷款利息。这本是两国商人之间的交涉，双方已经商定，由行商自行了结，在 8～10 年内还清，然而这笔民间商人间的欠款，却莫明其妙地成了《南京条约》赔款的一部分。所谓的水陆军费，是指英国政府对中国进行侵略战争所消耗的军事开支，中国本是受害国，却需要为侵略者支付军费，这显然是一种厚颜无耻的公开勒索。这笔赔款相当于清政府年财政收入的一半以上，给中国人民带来了沉重的负担。

《南京条约》及其附属条约《虎门条约》还规定，中国准许英国人带家眷寄居于中国沿海五座港口城市——广州、福州、厦门、宁波和上海，自由通商，虽未明言，但事实上也包括鸦片贸易。据统计，在 19 世纪 40 年代，

挂满"万国旗"的上海公共租界

从印度输入中国的鸦片数量每年平均 37 000 箱，到 1859
年增加到年均 62 822 箱，1864 年递增至年均 70 000 箱，
1880 年达到年均 87 747 箱。同时，中国允许英国在上述
五个城市派设领事，赋予英国领事"领事裁判权"，即英

国领事可以在中国用英国"法律"保护那些在中国为非作歹的英国人。1845年，英国又肆意解读《虎门条约》中关于准许英国人在五口租地造屋永久居住的条款，强迫清政府在上海划定所谓"租界"，设立"国中之国"。这种强盗行径后来被法、美、德、日等国先后效仿，中国境内的列强租界一度多达27处。在租界内，侵略者可以胡作非为而不受中国政府的任何约束。这严重破坏了中国领土和主权的完整，是中国沦为半封建半殖民地社会的显著标志。

总之，受鸦片战争失败的影响，中国处境每况愈下，中国人民的生存权利受到越来越大的威胁。所有这些，昭示着今天的中国必须对外保持开放心态，与时俱进，努力缩小与发达国家的差距，对内凝聚中国力量，优先发展科学技术，不断增强国防实力，建立廉洁高效的政府，提高人民的综合素质，最终共圆中华民族伟大复兴的中国梦。